EIACULAZIONE PRECOCE

Come riconoscere e curare l'eiaculazione precoce.

Rimedi naturali e esercizi pratici per migliorare la tua vita sessuale

Gabriele Lombardi

© Copyright – Tutti i diritti riservati

Nota legale:

Disclaimer:

Si prega di notare che il contenuto di questo libro è esclusivamente per scopi educativi e di intrattenimento. Ogni misura è stata presa per fornire informazioni accurate, aggiornate e completamente affidabili. Non sono espresse o implicate garanzie di alcun tipo. I lettori riconoscono che il parere dell'autore non è da sostituirsi a quello legale, finanziario, medico o professionale.

Indice

INTRODUZIONE

Un uomo su 3 afferma di aver sperimentato l'eiaculazione precoce in qualche momento della propria vita. Soffrire di eiaculazione precoce non è qualcosa che normalmente gli uomini vorrebbero gridare dai balconi ma quantomeno occorrerebbe fare il primo passo e andare dal medico di famiglia per discutere il problema.

Tuttavia, se sei il tipo di uomo che non è ancora pronto per sedersi con un medico e discutere di eiaculazione precoce, non preoccuparti, ci sono modi per aiutare te stesso. In questo libro ho elencato i migliori rimedi per curarla.

Provali, ma se il problema persiste, sfortunatamente avere una discussione con il tuo medico di famiglia sarà il passo successivo.

L'eiaculazione precoce è più comune di quanto la maggior parte delle persone pensi. Può causare angoscia e problemi emotivi e psicologici, nonché problemi di autostima.

Per quanto possa essere difficile affrontare il problema con il tuo partner o anche con il tuo medico, parlare di eiaculazione precoce è la chiave per superarlo. Continua a leggere per sapere esattamente cos'è l'eiaculazione precoce e come trattarla.

CAPITOLO 1

TUTTO SULL'EIACULAZIONE PRECOCE

Cos'è l'eiaculazione precoce?

L'eiaculazione precoce (EP) si verifica quando un uomo raggiunge l'orgasmo ed eiacula troppo rapidamente e senza controllo. In altre parole, l'eiaculazione avviene prima che un uomo voglia che accada. Può verificarsi prima o dopo l'inizio dei preliminari o del rapporto sessuale e, alcuni uomini provano molta sofferenza personale a causa di questa condizione.

Fino a 1 uomo su 3 ha difficoltà con l'eiaculazione precoce o incontrollata ad un certo punto della vita. Quando l'eiaculazione precoce avviene così frequentemente da interferire con il piacere sessuale di un uomo o del suo partner, diventa un problema medico.

Diversi fattori possono contribuire all'eiaculazione precoce. Problemi psicologici come stress, depressione e altri fattori che influenzano la salute mentale ed emotiva possono aggravare questa condizione. Tuttavia, vi sono prove crescenti che i fattori biologici possono rendere alcuni uomini più inclini a sperimentare l'eiaculazione precoce.

In alcuni casi, seppur raramente, l'eiaculazione precoce può essere causata da un problema fisico specifico, come l'infiammazione della ghiandola prostatica o un problema del midollo spinale.

Sintomi

Il sintomo principale dell'eiaculazione precoce è l'incapacità di ritardare l'eiaculazione per più di un minuto dopo la penetrazione. Tuttavia, il problema potrebbe verificarsi in tutte le situazioni sessuali, anche durante la masturbazione.

L'eiaculazione precoce può essere classificata come:

• Per tutta la vita (primaria). L'eiaculazione precoce per tutta la vita si verifica per quasi tutta la propria vita, a partire dai primi incontri sessuali.

• Acquisita (secondaria). L'eiaculazione precoce acquisita si sviluppa dopo aver avuto precedenti esperienze sessuali senza problemi di eiaculazione.

Molti uomini sentono di avere sintomi di eiaculazione precoce, ma i sintomi non soddisfano i criteri diagnostici per l'eiaculazione precoce. Invece questi uomini potrebbero avere un'eiaculazione precoce variabile naturale, che include periodi di eiaculazione rapida e periodi di eiaculazione normale.

Cause

Psicologiche

L'eiaculazione precoce può essere causata da fattori psicologici e biologici, ma le cause psicologiche sono le più comuni. Potresti essere sorpreso di quanto questi tipi di problemi possano influire sulle prestazioni sessuali:

• depressione

• sensi di colpa

• stress, ansia

• bassa autostima o fiducia in se stessi

• storia di abuso sessuale o repressione

Fattori psicologici individuali come depressione, stress, ansia e processi cognitivi negativi sono fortemente associati all'insorgenza e al mantenimento delle difficoltà sessuali maschili. Diversi studi hanno dimostrato che la funzione sessuale compromessa negli uomini con eiaculazione precoce è significativamente associata alla depressione.

Gli studi dimostrano che gli uomini con eiaculazione precoce avevano maggiori probabilità di auto-segnalare altre disfunzioni sessuali (bassa libido e disfunzione erettile) e disturbi psicologici (depressione e ansia) rispetto agli uomini senza eiaculazione precoce.

Biologiche

• bassi livelli di testosterone

• bassi livelli di serotonina

• infiammazione o infezione della prostata

• infiammazione o infezione dell'uretra

La serotonina è una sostanza chimica responsabile dei sentimenti di benessere e felicità. Quando i livelli di serotonina sono alti, possono anche aiutare a ritardare l'eiaculazione. D'altra parte, bassi livelli di serotonina possono causare eiaculazione precoce.

Molti di questi fattori di rischio psicologici e biologici possono anche causare la disfunzione erettile, che può essere una causa sottostante di eiaculazione precoce.

CAPITOLO 2

ANSIA DA PRESTAZIONE SESSUALE

Il sesso dovrebbe essere piacevole, ma è difficile divertirsi se ti preoccupi costantemente di quanto tu stia andando bene.

Il sesso è più di una semplice risposta fisica. Anche le tue emozioni hanno qualcosa a che fare con questo. Quando la tua mente è troppo stressata per concentrarsi sul sesso, anche il tuo corpo non può eccitarsi.

Molte preoccupazioni possono portare al problema:

- paura di non comportarti bene a letto e di soddisfare il tuo partner sessualmente
- cattiva immagine del corpo, inclusa la preoccupazione per il proprio peso
- problemi nella tua relazione
- preoccupazione che il proprio pene non sia "all'altezza"
- preoccupazione per eiaculare troppo presto o per impiegare troppo tempo per raggiungere l'orgasmo

- ansia per non essere in grado di avere un orgasmo o godersi l'esperienza sessuale

Queste cose possono indurre il tuo corpo a rilasciare ormoni dello stress come l'adrenalina e la norepinefrina, che portano tutti all'eiaculazione precoce.

Il tuo stato d'animo può avere un grande impatto sulla tua capacità di eccitarti. Anche se sei con qualcuno che trovi sessualmente attraente, preoccuparti di essere in grado di accontentare il tuo partner può renderti impossibile farlo.

Uno degli effetti degli ormoni dello stress è quello di restringere i vasi sanguigni. Quando scorre meno sangue nel tuo pene, è più difficile avere un'erezione. Anche i ragazzi che normalmente non hanno problemi ad eccitarsi potrebbero non essere in grado di avere un'erezione quando sono sopraffatti dall'ansia da prestazione sessuale.

L'ansia da prestazione sessuale non viene diagnosticata tanto spesso nelle donne quanto negli uomini, ma può influenzare anche l'eccitazione nelle donne. L'ansia può impedire alle donne di lubrificarsi abbastanza per fare sesso e può eliminare il desiderio fisico di fare l'amore.

L'ansia può portarti fuori dalla mentalità giusta per il sesso. Quando sei concentrato sul fatto che ti esibirai bene, non puoi concentrarti su quello che stai facendo a letto. Anche se riesci a eccitarti, potresti essere troppo distratto per raggiungere l'orgasmo.

Se soffri di ansia da prestazione sessuale, consulta un medico e soprattutto qualcuno con cui sei abbastanza a tuo agio da discutere della tua vita sessuale. Il medico ti esaminerà e farà alcuni test per assicurarsi che una condizione di salute o un farmaco non siano la causa dei tuoi problemi.

Durante l'esame il tuo medico ti chiederà informazioni sulla tua storia sessuale per scoprire da quanto tempo soffri di ansia da prestazione sessuale e quali tipi di pensieri stanno interferendo con la tua vita sessuale.

Farmaci e altre terapie possono aiutare a trattare la disfunzione erettile e altri problemi sessuali che hanno cause fisiche. Se non è colpa di un problema fisico, il medico potrebbe suggerirti di provare uno di approcci della Terapia Cognitivo-Comportamentale (TCC):

Ristrutturazione cognitiva (cambiamento di atteggiamento)

Identifica la tua convinzione sul problema sessuale che stai avendo. In genere, è qualcosa del tipo: "Io e la mia partner non ci godremo il sesso se non mi esibisco molto bene (non eretto, eiaculo troppo presto o non raggiungo l'orgasmo)". Quindi scrivi un atteggiamento alternativo che ritieni, almeno intellettualmente, costruttivo, come: "Io e la mia partner possiamo godere molto il piacere sessuale insieme se mi concentro sulle piacevoli sensazioni, sentimenti ed esperienze che stiamo vivendo, indipendentemente da cosa stia facendo il mio pene!". Creare un nuovo atteggiamento che sia allo stesso tempo utile e credibile può richiedere prima qualche discussione, con il tuo partner sessuale, con un amico fidato o con un terapista cognitivo-comportamentale.

Pratica la concentrazione mentre ti masturbi

Leggi il tuo atteggiamento costruttivo (dal punto 1) prima di masturbarti. Respira lentamente e profondamente. Esegui la scansione mentale di tutto il corpo per le aree di tensione muscolare e allenta un'area alla volta. Quindi fai apparire nella tua mente un'immagine vivida di te in un momento di eccitazione sessuale, e forse in un momento romantico, con una partner. Concentrati su questa immagine mentre ti masturbi lentamente, oltre a toccare altre aree del tuo corpo che ti piacciono. Lascia a te stesso un sacco di tempo; non affrettarti.

Soprattutto, concentrati sulle sensazioni piacevoli - tatto, vista, suono, olfatto e gusto - e sulle emozioni piacevoli - eccitazione, affetto, godimento - che stai sperimentando a tua immagine o nel tuo corpo.

Esercitati a concentrarti sulle immagini mentre ti masturbi regolarmente e varia le immagini quando lo fai. Non limitare le tue immagini al sesso ma lascia che la tua mente vada nelle fantasie che preferisci. È importante che qualche volta ti immagini di goderti l'esperienza sessuale anche quando non hai il pene in erezione completa, o quando eiaculi presto o per niente (indipendentemente da ciò che il tuo corpo sta effettivamente facendo). Non fermarti perché immagini di perdere un'erezione o di eiaculare. Invece, continua a immaginare e concentrati sul continuare a dare e ricevere piacere senza vergogna, imbarazzo o senso di colpa. Mentre lo fai, esercitati mettendo da parte ogni pensiero e sensazione autocritica o preoccupante che potresti provare come rumore di fondo e riporta la tua attenzione alle sensazioni e alle emozioni piacevoli che stai vivendo nelle tue immagini e nel tuo corpo.

Se hai problemi di eiaculazione precoce, presta molta attenzione alle sensazioni fisiche mentre ti masturbi molto lentamente e impara a distinguere le sensazioni di costruzione che precedono immediatamente il punto di eiaculazione. Impara a cambiare di tanto in tanto il tuo tocco in aree meno sensibili del tuo pene e dei testicoli per ottenere un maggiore controllo sul modo in cui il tuo corpo risponde. (Questo è più efficace che interrompere il contatto tutto di colpo in modo da non rafforzare il pensiero tutto o niente sul piacere genitale.) Non distrarti nel tentativo di ritardare l'eiaculazione. Invece, mantieni la tua attenzione sulle tue sensazioni e metti da parte pensieri e sentimenti autocritici come rumore di fondo.

Un ultimo punto: il rilassamento fisico è importante quando si è eccitati. La tensione e l'ansia spesso portano a problemi di funzionamento sessuale (disfunzione erettile, eiaculazione precoce e mancanza di orgasmo). Quindi, subito prima di fare gli esercizi di immaginazione sessuale, pratica il rilassamento muscolare e la respirazione lenta e profonda per rilassare il tuo corpo. Quindi, durante l'immaginazione e la masturbazione, continua a rilassarti ogni volta che noti tensione, ma continua a concentrarti sulle sensazioni e sulle emozioni piacevoli.

Pratica la concentrazione consapevole mentre sei intimo con una partner

Hai praticato gli esercizi di immaginazione tanto da essere diventato abbastanza esperto nel rilassamento fisico, nella concentrazione consapevole su sensazioni ed emozioni piacevoli e mettendo da parte pensieri e sentimenti spiacevoli? È ora il momento di iniziare a praticare con un partner. Se è possibile, è meglio parlare prima con il tuo partner per superare questo problema. Spiegagli che è importante andare molto lentamente; sostenersi a vicenda e non fare pressioni a vicenda; e concentrarsi sull'intera esperienza del piacere, non solo sul rapporto. E recita in silenzio il tuo atteggiamento costruttivo prima di ogni sessione di pratica sessuale insieme.

Idealmente, le prime poche sessioni di pratica implicherebbero concentrarsi sul fare a turno per darsi piacere a vicenda con un tocco sensuale ma non genitale su tutto il corpo, in modo che non vi sia alcuna pressione per ottenere o mantenere un'erezione. Ognuno di voi potrebbe dare e ricevere piacere a turno per circa 15 minuti. Il ricevente può dare indicazioni gentili, non critiche e senza pressioni su ciò che gli piace e non gli piace. Mentre dai o ricevi, concentra la tua attenzione consapevolmente sulle sensazioni piacevoli e sulle emozioni che stai vivendo e metti da parte i pensieri autocritici o preoccupanti. Non importa cosa faccia o non faccia il tuo pene! Continua a rivolgere la tua attenzione al piacere e tratta i pensieri e le emozioni angoscianti solo come un lontano rumore di fondo. E ricorda di rilassarti:

procedi lentamente, respira lentamente e profondamente e allenta le tensioni muscolari del tuo corpo.

Continua queste sessioni di pratica man mano che diventi gradualmente più intimo con la tua partner nelle sessioni successive. Come sempre: rilassati e concentrati sulle sensazioni piacevoli, non sulla valutazione delle prestazioni scadenti del tuo pene! Quando si scopre che non si ottiene o non si mantiene un'erezione, o si eiacula prima di quanto si desidera o per niente, bisogna accantonare pensieri e sentimenti autocritici e tornare a concentrarsi sul dare e ricevere piacere.

Idealmente, parla apertamente con la tua partner tra le sessioni di pratica sui sentimenti che entrambi provate nelle vostre esperienze sessuali insieme. Si spera che tali conversazioni contribuiscano a rafforzare il tuo atteggiamento costruttivo secondo cui essere intimo sessualmente può essere piacevole anche quando il sesso non funziona perfettamente, a patto che ti concentri sul piacere e non sull'autovalutazione e sulla preoccupazione.

CAPITOLO 3

EIACULAZIONE PRECOCE. I MITI DA SFATARE

L'eiaculazione precoce è il problema sessuale numero uno degli uomini per tutta la vita. In ogni fascia di età adulta, circa il 30% degli uomini lamenta uno scarso controllo dell'eiaculazione. Tra gli uomini più anziani, la disfunzione erettile diventa più comune, ma nel corso della vita, a partire dai 18 anni, l'eiaculazione precoce colpisce molti più uomini di quanto si pensi.

Di conseguenza, l'eiaculazione precoce ha generato una saggezza convenzionale, ad esempio, che gli uomini che non hanno il controllo dell'eiaculazione soffrono di gravi problemi di ansia. Ma i ricercatori dell'Università di Liegi, in Belgio, hanno intervistato 492 uomini, di età compresa tra 18 e 74 anni, e 80 delle loro partner donne e hanno scoperto che molte convinzioni prevalenti sull'eiaculazione precoce sono sbagliate.

Miti e fatti sull'eiaculazione precoce

- *Mito:* le persone affette dall'eiaculazione precoce sono afflitte dall'ansia.

  Verità: gli uomini con EP hanno livelli di ansia nella gamma normale.

- *Mito*: se hai l'EP, ce l'hai sempre.

  Verità: è spesso situazionale – EP presente con un'amante e non con un'altra. Oppure l'EP si o no con la stessa amante a seconda delle circostanze.

- *Mito:* l'EP diminuisce con l'età.

  Verità: la prevalenza di EP rimane notevolmente costante dall'adolescenza all'età di 50 anni, per poi aumentare di picco prima di stabilizzarsi di nuovo.

- *Mito:* gli uomini con EP lo considerano molto angosciante per i loro amanti.

  Verità: rispetto agli uomini, le donne si sentono molto meno stressate riguardo all'EP degli innamorati, e quando le donne esprimono angoscia, è quasi sempre una reazione alla sofferenza che l'EP provoca più agli uomini che alla loro insoddisfazione per quanto tempo duri il sesso.

- *Mito:* gli uomini hanno EP se eiaculano entro due minuti dall'inserimento.

  Verità: molti intervistati sono durati più di due minuti, ma hanno insistito sul fatto che avevano EP. La fissazione sulla durata del rapporto non coglie il punto. Il problema non è la durata ma la mancanza di controllo sui tempi di eiaculazione, indipendentemente da quanto durino le cose.

- *Mito:* il trattamento dell'EP è diventato "medicalizzato" e il trattamento di scelta è costituito da antidepressivi a basso dosaggio.

  Verità: solo il 12% degli intervistati aveva provato un trattamento farmacologico.

- *Mito:* L'eiaculazione è qualcosa che non può essere controllato.

  Verità: In realtà, gli uomini possono imparare a controllare l'eiaculazione, in modo simile al modo in cui il controllo della vescica viene appreso in giovane età. Come il controllo della vescica, una volta che gli uomini imparano a controllare l'eiaculazione, è improbabile che se ne dimentichino.

- *Mito:* L'eiaculazione precoce è un problema puramente psicologico.

  Verità: Mentre ci possono essere elementi psicologici nell'EP, molti casi sono il risultato di un glande ipersensibile, o testa del pene. Poiché l'eiaculazione è causata dalla stimolazione alla testa del pene, gli uomini che sono ipersensibili in quella zona richiederanno pochissima stimolazione per eiaculare. Hanno quella che viene chiamata una soglia eiaculatoria bassa.

- *Mito:* L'alcol, la cocaina, la marijuana e gli antidepressivi sono buoni modi per controllare l'eiaculazione precoce.

  Verità: Sebbene l'inibizione dell'eiaculazione possa essere un effetto collaterale di questi farmaci, è necessario tenere in considerazione altri gravi effetti collaterali associati a tali farmaci. In realtà, più spesso l'abuso di sostanze provoca disfunzione erettile, eiaculazione precoce, incapacità all'orgasmo e altri effetti collaterali. Gli antidepressivi non dovrebbero essere presi alla leggera e dovrebbero essere presi solo sotto stretta cura medica.

- *Mito:* Gli spray o le creme anestetici disponibili nei sexy shop sono ottimi modi per controllare l'EP.

Verità: Questi prodotti funzionano raramente, se non mai. La maggior parte intorpidisce la testa del pene e la vagina della partner, riducendo il piacere per entrambi i soggetti coinvolti. L'effetto paralizzante impedisce agli uomini di abituarsi alla sensazione di fare l'amore per periodi di tempo più lunghi, quindi il problema tornerà non appena smetterai di usarli.

- *Mito:* L'eiaculazione precoce alla fine non causerà problemi di erezione.

  Verità: Più pazienti che hanno sofferto di EP per lunghi periodi alla fine sviluppano problemi di erezione rispetto a quelli che sono in grado di controllare la loro eiaculazione. Molte volte, l'EP è il primo segno di disfunzione erettile.

- *Mito:* L'eiaculazione precoce non influenzerà la tua vita sessuale.

  Verità: Spesso è difficile per gli uomini rilassarsi e godersi l'esperienza di fare l'amore se sono preoccupati che l'eiaculazione possa verificarsi troppo presto. Inoltre, il partner potrebbe non trarre ampia soddisfazione dall'esperienza e potrebbe evitare di fare l'amore in modo specifico e, di conseguenza, l'intimità in generale ne risente.

- *Mito:* L'eiaculazione precoce non influirà sulla tua sicurezza e capacità di socializzare nella vita di tutti i giorni.

  Verità: Qualsiasi problema che influisce sulla tua immagine di te stesso può avere un impatto negativo sulla tua fiducia e capacità di socializzare. Gli uomini che imparano a controllare la loro eiaculazione spesso diventano più sicuri e più estroversi.

Fatti sullo sperma

Lo sperma e gli spermatozoi non sono la stessa cosa

Gli spermatozoi sono gameti maschili. La funzione di queste cellule è quella di trovare un gamete femminile con cui fondersi, affinché avvenga la riproduzione non assistita. In questo processo, lo sperma entra nella vagina espulso attraverso il pene. Questa espulsione è nota come eiaculazione.

Quando ciò si verifica, lo spermatozoo arriva all'interno di un fluido creato dagli organi sessuali maschili. Questa miscela di sperma e liquido è chiamata sperma.

Lo sperma richiede molto tempo per essere prodotto

Il processo di produzione dello sperma è noto come spermatogenesi.

I testicoli, gli organi riproduttivi maschili, producono lo sperma. All'interno dei testicoli ci sono piccoli tubi chiamati tubuli seminiferi.

La spermatogenesi prevede diverse fasi:

- gli ormoni entrano nei tubuli che ospitano le cellule germinali.
- con l'aiuto di questi ormoni, come il testosterone, le cellule germinali si dividono e cambiano più volte.
- si trasformano gradualmente in spermatidi, che sono giovani spermatozoi.
- questi crescono e maturano in spermatozoi, ciascuno con una testa e una coda simili a un girino.

I ricercatori stimano che questo processo richieda circa 74 giorni.

Lo sperma quindi viaggia attraverso l'epididimo, un tubo dietro i testicoli, prima di finire al dotto deferente, un altro tubo collegato al dotto eiaculatorio.

Le scelte di stile di vita possono influenzare il numero di spermatozoi

Il numero o la concentrazione di spermatozoi in un campione di eiaculato determina comunemente il numero di spermatozoi. Ci sono alcune prove che le scelte di stile di vita possono influenzare questo numero.

Ad esempio, un ampio studio ha trovato un legame tra il fumo e una diminuzione del numero di spermatozoi. Ci sono anche prove che i cambiamenti nella dieta potrebbero avere un ruolo importante. Ad esempio, alcune ricerche suggeriscono che un aumento dei livelli di vitamina D potrebbe promuovere la produzione di sperma.

Il numero di spermatozoi può variare in base al luogo e all'etnia

Gli scienziati sanno che il numero di spermatozoi è diminuito in molti paesi occidentali. Secondo uno studio, il numero medio di spermatozoi tra il 1973 e il 2011 è diminuito del 59,3% in Nord America, Europa, Nuova Zelanda e Australia.

I ricercatori non hanno ancora capito cosa abbia causato questo calo, sebbene possa essere dovuto a cambiamenti nello stile di vita.

Ci sono anche alcune prove di un legame tra etnia e differenze nella produzione di sperma. Uno studio rileva la seguente differenza nel numero di spermatozoi di Latini, maschi bianchi e cinesi:

- I maschi cinesi hanno prodotto 70–173 milioni di spermatozoi al giorno.
- I maschi Latini hanno prodotto 231–398 milioni di spermatozoi al giorno.
- I maschi bianchi hanno prodotto 193–318 milioni di spermatozoi al giorno.

Miti sullo sperma

Gli slip fanno male al numero di spermatozoi

Alcune persone credono che indossare biancheria intima più stretta possa ridurre significativamente il numero di spermatozoi di una persona. Tuttavia, le prove scientifiche suggeriscono che questa è un'esagerazione.

Uno studio recente suggerisce che i maschi che indossano boxer hanno un numero di spermatozoi superiore del 17% rispetto a quelli che indossano slip. Tuttavia, gli autori dello studio riconoscono che questi risultati potrebbero non essere affidabili, poiché la loro ricerca si basa sull'auto-segnalazione e sul ricordo dei partecipanti, tra gli altri fattori.

Il pre-eiaculato non può portare alla gravidanza

La pre-eiaculazione è quando il pene rilascia una piccola quantità di liquido prima dell'eiaculazione. Questo fluido è noto come pre-eiaculato.

Sebbene il pre-eiaculato non funzioni per depositare lo sperma nella vagina, può raccogliere spermatozoi viventi mentre viaggia attraverso il pene. Ad esempio, uno studio ha rilevato spermatozoi sani nel 16,7% dei campioni pre-eiaculati.

Per questo motivo, c'è una piccola possibilità che l'esposizione al pre-eiaculato possa portare alla gravidanza.

La produzione di sperma non cambia con l'età

Molte persone credono che i maschi più anziani possano produrre sperma tanto quanto i maschi più giovani. Tuttavia, questo è un mito. Sebbene la spermatogenesi continui per tutta la vita di molti maschi, la qualità dello sperma tende a diminuire con l'età.

Ad esempio, la ricerca suggerisce che lo sperma dei maschi più anziani ha maggiori probabilità di causare mutazioni genetiche nella loro prole rispetto allo sperma dei maschi più giovani.

Gli spermatozoi sono ottimi nuotatori

Un corpo maschile produce milioni di spermatozoi ogni giorno. Negli esseri umani e in altri animali, lo sperma può muoversi usando una coda o un flagello. Ciò consente loro di viaggiare attraverso gli organi riproduttivi femminili, verso l'uovo.

Questo potrebbe dare l'impressione che milioni di spermatozoi finiscano in una corsa serrata verso l'uovo, ma non è vero. Molti spermatozoi non sanno nuotare affatto o solo molto male. In effetti, i ricercatori sanno che molti spermatozoi si muovono passivamente verso l'uovo.

CAPITOLO 4

SESSUALITÀ MASCHILE

Desiderio sessuale e cervello

Il desiderio sessuale è solitamente descritto come libido. Non esiste una misurazione numerica per la libido. Invece, il desiderio sessuale è inteso in termini rilevanti. Ad esempio, una libido bassa significa un calo dell'interesse o del desiderio nel sesso.

La libido maschile vive in due aree del cervello: la corteccia cerebrale e il sistema limbico. Queste parti del cervello sono vitali per il desiderio sessuale e le prestazioni di un uomo. Sono così importanti, infatti, che un uomo può avere un orgasmo semplicemente pensando o sognando un'esperienza sessuale.

La corteccia cerebrale è la materia grigia che costituisce lo strato esterno del cervello. È la parte del tuo cervello responsabile di funzioni superiori come la pianificazione e il pensiero. Questo include il pensare al sesso. Quando ti ecciti, i segnali che hanno origine nella corteccia cerebrale possono interagire con altre parti del cervello e dei nervi. Alcuni di questi nervi accelerano la frequenza cardiaca e il flusso sanguigno ai genitali e segnalano anche il processo che crea un'erezione.

Il sistema limbico comprende più parti del cervello: l'ippocampo, l'ipotalamo e l'amigdala, e altri. Queste parti sono coinvolte con emozioni, motivazione e desiderio sessuale. I ricercatori della Emory University hanno scoperto che la visualizzazione di immagini sessualmente eccitanti aumenta l'attività nell'amigdala degli uomini più di quanto non abbia fatto per le donne. Tuttavia, ci sono molte parti del cervello coinvolte nella risposta sessuale, quindi questa scoperta non significa necessariamente che gli uomini si eccitino più facilmente delle donne.

Uomini e masturbazione

La masturbazione è toccare e sfregare parti del tuo corpo per il piacere sessuale. Ad esempio, potresti toccare o strofinare il tuo pene fino a quando non eiaculi o "vieni". È normale masturbarsi. Probabilmente ti sei interesserato a questo in un momento della tua adolescenza. Ti fa sentire bene e può aiutarti a far fronte allo stress e a rilassarti.

Non esiste una quantità "normale" di masturbazione. "Normale" può variare da diverse volte al giorno, settimana o mese al non masturbarsi affatto. La frequenza con cui ti masturbi non è un problema, a meno che non influisca sulla tua capacità di vivere la tua vita quotidiana.

Attrazione sessuale

Alcuni uomini sono sessualmente attratti dalle donne, alcuni uomini sono attratti dagli uomini, alcuni sono attratti sia dalle donne che dagli uomini. E altri uomini non sono attratti da nessuno. Esistono molte forme di sessualità: etero, gay, bisessuale o asessuale, solo per citarne alcune. E alcuni uomini esplorano diversi tipi di sessualità, in particolare quando sono giovani.

Disfunzione erettile

La disfunzione erettile (DE) di solito ha una causa fisica. È spesso collegato a diabete, malattie cardiache, sclerosi multipla, colesterolo alto, ipertensione, fumo e obesità. Ma può anche essere causata da fattori psicologici come stress, ansia o depressione.

È normale che tu soffra di disfunzione erettile occasionalmente, in particolare se hai bevuto o sei molto stanco. Ma se trovi che la disfunzione erettile stia diventando un problema quotidiano, parla con il tuo medico. I trattamenti includono consulenza, farmaci per via orale, dispositivi, iniezioni e impianti.

Riduzione della libido

La tua libido è il tuo desiderio sessuale o desiderio di fare sesso. La libido varia notevolmente da una persona all'altra. E la tua libido cambierà probabilmente nel corso della tua vita, a seconda della tua età, salute, stile di vita e relazione.

Ecco alcuni motivi medici per cui il tuo desiderio sessuale potrebbe diminuire:

- ridotti livelli di testosterone
- malattie croniche, come diabete o malattie cardiache
- impotenza
- obesità
- depressione
- problemi di eiaculazione
- assunzione di alcuni farmaci

Se sei preoccupato, consulta il tuo medico che potrà spiegare le tue opzioni per recuperare la tua libido.

Fertilità maschile

La qualità del tuo sperma diminuisce con l'avanzare dell'età. Con l'avanzare dell'età c'è il rischio che potresti non essere in grado di concepire. E c'è una maggiore possibilità di aborto spontaneo se il padre ha più di 45 anni.

Se hai problemi di fertilità, è meglio chiedere consiglio a un professionista della salute.

CAPITOLO 5

LA VERITÀ SUGLI UOMINI E IL SESSO

Il sesso inizia nel corpo

Mentre il desiderio di sesso delle donne può essere provocato dalla loro mente, dalla memoria o dai sentimenti emotivi di connessione, per gli uomini il desiderio è fisico. Gli uomini hanno enormi quantità di testosterone che scorre attraverso i loro corpi, spingendoli e guidandoli verso l'espressione sessuale. Le erezioni scaturiscono alla minima provocazione nei giovani. E per un uomo adulto, vedere la moglie o la partner uscire dalla doccia nudo fa reagire il suo corpo. È difficile valutare quanto il modo in cui la chimica del proprio corpo dirige la psicologia della propria mente verso il desiderio sessuale.

Per gli uomini, il sesso è una fame

Sì, vuole essere sazio. Ma la sua voglia di sesso è come una voglia di cioccolatini: ogni episodio sessuale offre la squisita possibilità di una confezione piena di sorprese. La mente dell'uomo è affascinata dal pensiero di un'opportunità per sentirsi deliziato e sorpreso. Difficilmente una giornata è completa senza dessert.

Tuttavia, il contesto della relazione - per esempio, una lite con la moglie - può rovinare il suo appetito.

Il sesso è energia

La sessualità infonde potenzialità ed eccitazione nelle relazioni intime di un uomo. L'energia ormonale gli dà la spinta e l'aggressività per perseguire lo scopo e il lavoro della sua vita e per perseguire la sua partner. Supera la monotonia quotidiana, stuzzicato dalla fantasia di una ricompensa sessuale alla fine di una dura giornata.

Il sesso è eccitazione

È l'avventura più elettrizzante della vita. Il suo corpo è una macchina da grande piacere che vorrebbe godersi a tutto gas. Poiché l'orgasmo è solitamente affidabile e facile, una varietà di atti sessuali, posizioni e ritmi sembrano essere un modo fantastico per esplorare ed elevare la sua gratificazione. Ogni flirt, sorriso, allusione, figura formosa o immagine sessuale, fantastica o reale, è un successo nel cervello maschile. Le sue onde cerebrali aumentano di euforia solo al suggerimento di qualcosa o qualcuno che gli ricordi il sesso.

Il sesso è il modo in cui l'uomo dà amore

Il momento in cui la sua partner si eccita è spesso il momento che gli uomini descrivono come più soddisfacente dal punto di vista sessuale. È sconcertante per gli uomini quando vengono definiti egoisti a causa della loro preferenza per la connessione sessuale. Nei loro cuori c'è un'aspettativa di reciproco, squisito piacere corporeo. Spesso l'uomo escogita e fantastica su come rendere il sesso migliore per lei, implorando informazioni sui suoi desideri erotici, solo per poter migliorarsi come amante.

Il sesso è amore

Il rilascio sessuale fa sentire gli uomini come se fossero finalmente a casa. Dopo le sofferenze e le sfide del mondo, il sesso incarna l'amore e la cura e fornisce sollievo e sostegno. Sebbene possa essere accusato di "volere solo sesso", la maggior parte degli uomini desidera e sente una connessione molto più emotiva di una semplice liberazione fisica. Fare l'amore crea letteralmente un profondo sentimento di attaccamento alla sua partner e sprona generosità relazionale, fede e ottimismo. Essere desiderato dalla sua partner può essere la parte più rassicurante della sua relazione.

Mentre la maggior parte delle donne potrebbe desiderare una connessione emotiva prima di avere una connessione fisica, per gli uomini la connessione sessuale è spesso necessaria per sentirsi abbastanza al sicuro per la vulnerabilità emotiva. In definitiva, l'impulso sessuale maschile in una relazione è un dono, è un altro percorso verso l'amore.

CAPITOLO 6

DIETA SALUTARE = VITA SESSUALE SALUTARE

Come una dieta sana può migliorare la tua vita sessuale

Piccoli e semplici cambiamenti alle tue scelte alimentari possono effettivamente avere un grande impatto sulla tua libido. Molte delle decisioni dietetiche prese con poca attenzione hanno un impatto negativo sul tuo desiderio sessuale. Dalla produzione di ormoni al flusso sanguigno, gli alimenti che mangiamo quotidianamente fanno la differenza.

Fortunatamente, piccoli aggiustamenti possono fare una grande differenza. Quindi, se aumentare il tuo desiderio sessuale è una priorità quest'anno, ti consiglio di leggere attentamente i seguenti cambiamenti dietetici che potrebbero cambiare drasticamente la tua vita sessuale.

Mangiare più frutta e verdura

Molte verdure e frutti sono ricchi del fitonutriente chiamato citrullina, che migliora le prestazioni sessuali.

Frutta come l'anguria contiene un fitonutriente chiamato citrullina, che il corpo converte in arginina, un amminoacido che aumenta i livelli di ossido nitrico nel corpo, che rilassa i vasi sanguigni allo stesso modo di un medicinale come il Viagra.

Bere alcol moderatamente

Sebbene tu possa aver sentito spesso che l'alcol ha un impatto negativo sulle prestazioni sessuali, esiste un significativo corpo scientifico di prove contrarie.

Secondo un rapporto di *The Guardian*, la ricerca ha mostrato un'associazione tra alcol e risposte sessuali intensificate (orgasmi potenziati e aumento dell'eccitazione). Sebbene ci siano alcune ricerche mediche che dimostrano che il bere eccessivo può portare a disfunzione erettile tra gli uomini, c'è anche una ricerca che mostra che bere moderato può avere l'effetto opposto.

Uno studio del 2009 pubblicato su *The Journal of Sexual Medicine* ha rivelato che gli uomini che bevevano moderatamente riferivano il 30% in meno di problemi di erezione. La dottoressa

Kat Van Kirk, un'esperta di sesso, afferma anche che bere birra può portare a eiaculazione ritardata, aumento della resistenza sessuale, aumento della libido e erezioni più intense, secondo *The Independent*.

I carnivori fanno più sesso

Se stavi pensando di rinunciare presto alla carne, potresti riconsiderare la situazione.

Sebbene i vegetariani citino spesso i benefici per la salute delle loro scelte alimentari, un recente sondaggio riportato dal *Daily Mail* suggerisce che in realtà fanno meno sesso. Lo studio britannico, che ha esaminato 2.000 britannici, ha mostrato che il 42% di coloro che mangiano carne almeno una volta al giorno, fa sesso una volta alla settimana o più. Ma tra i vegetariani e coloro che mangiano carne solo due volte al mese, solo il 16% ha riferito di aver fatto sesso almeno una volta alla settimana.

Anche se potrebbe essere solo correlazione e non causalità, la drastica differenza porterebbe alcuni alla stessa conclusione.

Ridurre il consumo di alimenti trasformati

Gli alimenti trasformati sono una cattiva scelta se stai cercando di migliorare il tuo desiderio sessuale.

Biscotti, caramelle e altri alimenti trasformati tendono ad essere ricchi di grassi e zuccheri semplici, che possono ridurre il flusso sanguigno e causare infiammazioni.

Evitare i cibi fritti

Non è un segreto che i cibi fritti fanno male al nostro girovita, ma possono anche avere un impatto negativo sulla libido.

Non solo i cibi grassi fanno male a una dieta sana, ma possono anche influenzare i nostri impulsi sessuali. È noto che i grassi presenti nella maggior parte dei cibi fritti diminuiscono la libido sia negli uomini che nelle donne aumentando la produzione anormale di sperma negli uomini e interferendo con la gestazione nelle donne.

La prossima volta che sei tentato di ordinare quegli anelli di cipolla, considera invece uno spuntino diverso.

Cibo per il desiderio sessuale:
i 17 migliori alimenti per migliorare il desiderio sessuale

Noci del Brasile

Questo tipo di noci sono una fantastica fonte di selenio, che ha dimostrato di aumentare il testosterone, migliorare la qualità dello sperma ed è persino di aiuto per l'infertilità maschile.

Alcuni studi dicono addirittura che le noci del Brasile siano più potenti persino degli integratori di selenio per aumentare i numeri di produzione maschile. In conclusione, smettila di mangiare solo le arachidi e anacardi nella ciotola di noci miste!

Semi di zucca

Sappiamo che probabilmente hai buttato l'interno della zucca di halloween ma la prossima volta pensaci due volte. Questi semi facilmente disponibili sono un'ottima fonte di magnesio e zinco. Questi minerali svolgono un ruolo enorme nell'ottimizzazione della produzione di ormoni sessuali (come il testosterone).

Inoltre, i semi di zucca contengono fitosteroli che possono supportare la salute della prostata. I sintomi della prostata infiammata sono strettamente correlati alla disfunzione erettile.

La stagione del raccolto ha appena assunto un significato completamente nuovo.

Fragole e lamponi

I semi di questi frutti sono carichi di zinco, essenziale per il sesso sia per gli uomini che per le donne. Se le donne hanno alti livelli di zinco, i loro corpi si preparano più facilmente per il sesso. Negli uomini, lo zinco controlla il livello di testosterone che è responsabile della produzione di sperma. È importante che gli uomini si carichino di zinco poiché i loro livelli di zinco si riducono durante il rapporto.

Avocado

L'acido folico e la vitamina B6 sono entrambi necessari per un sano desiderio sessuale. L'acido folico pompa il corpo di energia, mentre la vitamina B6 stabilizza gli ormoni.

L'avocado inizialmente si guadagnò la reputazione di afrodisiaco (alimenti o composti che si ritiene aumentino la sessualità attraverso un aumento del desiderio sessuale) dagli antichi Aztechi, che chiamarono il frutto "ahuacate", la parola azteca che sta per testicolo.

Se questo non è abbastanza per convincerti della sua capacità di aumentare la libido, che ne dici di un po' di scienza? Sono un'ottima fonte di grassi monoinsaturi che sembrano essere strettamente correlati ai livelli di importanti ormoni sessuali.

Inoltre, gli avocado sono anche un'ottima fonte di vitamina E e vitamina B6, oltre che di potassio, e promuovono la salute cardiovascolare e un migliore flusso sanguigno.

Anguria

L'anguria migliora la tua erezione e aumenta la tua libido. Le angurie contengono anche citrullina che rilascia aminoacidi e arginina nel corpo. L'arginina è responsabile della salute vascolare.

Mandorle

Le mandorle contengono arginina che migliora la circolazione e rilassa i vasi sanguigni. Questo amminoacido contenuto nelle mandorle ti aiuta a mantenere l'erezione.

Cioccolato fondente

La pecora nera della famiglia del cioccolato aiuta a "creare l'atmosfera" sin dal primo morso. Mentre annusi e assaggi il suo aroma già sensuale, il tuo corpo inizia a rilasciare endorfine e a "sentirsi bene", a rilasciare l'ossitocina "l'ormone dell'amore" e neurotrasmettitori chiave che aumentano l'eccitazione.

Quanto è stupefacente la forza del cioccolato fondente?!

Ma siamo solo all'inizio; esso contiene anche un composto chiamato fenetilammina, che viene spesso chiamato "droga dell'amore", poiché promuove il desiderio sessuale e il desiderio sessuale. La fenetilammina pompa il rilascio di dopamina, che è associata a ricompensa e piacere.

Inoltre, la dopamina è tra i neurotrasmettitori più studiati e coinvolti nel controllo del comportamento sessuale e dell'eccitazione.

Se ciò non bastasse il cioccolato fondente aiuta nel processo della circolazione, un recente studio sulla rivista *Circulation* ha scoperto che i flavonoidi nel cioccolato fondente aiutano a migliorare la circolazione e il flusso sanguigno. Sia gli uomini che le donne fanno affidamento su un flusso sanguigno adeguato per una stimolazione e prestazioni sessuali ottimali. Continua pure a goderti le barrette di cioccolato scuro.

Barbabietole

Lo sappiamo, non saranno buone quanto il cioccolato ma questo ortaggio a radice che non è così sexy, che ci crediate o no, ha un impatto simile.

La barbabietola, in particolare il succo di barbabietola, può aumentare la produzione del corpo di ossido nitrico, che è un potente vasodilatatore. In altre parole, i nitrati aiutano ad "aprire" il diametro dei vasi sanguigni e ad aumentare il flusso sanguigno, mentre i nitrati delle barbabietole possono persino aiutare ad abbassare la pressione sanguigna. Immaginiamo che da adolescente non avresti discusso tanto contro le verdure se avessi letto questo articolo.

Mirtilli

I mirtilli contengono alte concentrazioni di D-mannosio. Questo zucchero svolge un ruolo da protagonista nel metabolismo umano, in particolare, il suo compito preferito è quello di inibire i batteri (E. coli) dall'adesione al tessuto che riveste le vie urinarie.

Questa capacità di "blocco dei batteri" è fondamentale per prevenire e uccidere le infezioni del tratto urinario. Gli amanti dovrebbero soprattutto tenere d'occhio questa piccola bellezza scarlatta poiché un improvviso aumento dell'attività sessuale può portare a infezioni del tratto urinario più repentinamente.

Ostriche

Queste bivalve dall'aspetto divertente sono uno dei migliori cibi al mondo come afrodisiaci e lo zinco è la loro arma segreta! La "vitamina Z" è un nutriente essenziale per la produzione di testosterone ed è responsabile di un enorme aumento degli ormoni sessuali sia nelle donne che nei gentiluomini. La ricerca ha suggerito che lo zinco può essere in grado di trattare l'infertilità maschile e aumentare la qualità dello sperma.

Si dice che Casanova abbia mangiato 50 ostriche a colazione, ma purtroppo non vi è alcun legame provato tra loro e l'aumento del desiderio sessuale. Allora da dove viene la voce? La leggenda narra che quando Afrodite, la dea greca dell'amore, "nacque", si levò dal mare e così i frutti di mare furono considerati afrodisiaci.

Verdure crocifere

Sì, abbiamo dovuto cercare anche noi. Fondamentalmente significa ogni verdura che non volevi mangiare da bambino.

Questi eroi cattivi includono broccoli, cavolfiori, rucola, cavoli e cavoletti di Bruxelles.

Come hanno fatto a partecipare alla festa? Il cioccolato fondente ha garantito per loro?!

In realtà, è quello che portano che sembra sempre garantire loro un invito. Vengono confezionati con uno speciale fitonutriente chiamato indolo-3-carbinolo, o I3C.

Cosa c'è di così speciale?

L'I3C ti aiuta a fermare la produzione di estrogeni "cattivi" e aiuta nella produzione di estrogeni "buoni".

Questo è un grosso problema!

Gli estrogeni "cattivi" sono collegati a problemi e complicazioni riproduttive (ad esempio, infertilità, endometriosi, ridotta produzione di testosterone), per non parlare del grasso corporeo in eccesso, che a sua volta rilascia estrogeni. L'I3C è come il tuo personal trainer e il tuo massaggiatore tutto in uno.

Ti farà perdere peso e ti manterrà pronto per l'azione! Mangia le tue verdure!!

Uova

Consuma le uova per una sana erezione. Le uova contengono l'amminoacido L-arginina che può migliorare la disfunzione erettile.

Anche se è nata prima la gallina, quello che è venuto dopo aiuterà sicuramente a produrre la generazione successiva in più di un modo. La cellula più grande della natura è ricca di nutrienti che ottimizzano gli ormoni.

Per cominciare, le uova sono un'ottima fonte di grassi, grassi saturi e colesterolo, tutti associati a livelli ottimali di importanti ormoni sessuali.

Pensavi che il colesterolo dovesse essere cattivo?! Non del tutto. Senza un colesterolo adeguato, i livelli degli ormoni sessuali precipitano.

Manzo

È quello che c'è per cena e, a quanto pare, aiuta a riscaldare le cose dopo. Non solo è un'ottima fonte di zinco (guarda le nostre ostriche), è anche una buona fonte di grassi.

I grassi totali, i grassi saturi e i grassi monoinsaturi sono tutti positivamente associati all'importantissimo ormone sessuale, il testosterone.

Mogli, prendete nota; Non solo lo zinco aiuta a promuovere livelli sani di testosterone, che già sai essere un'importante sostanza chimica sessuale per te, ma frena anche la produzione dell'ormone prolattina, che può compromettere la funzione sessuale.

Pesche

La vitamina C presente nelle pesche migliora il numero di spermatozoi e la qualità dello sperma. Le pesche contengono alti livelli di vitamina C, ottima per ridurre l'infertilità.

Caffè

Il caffè è uno stimolante, quindi aumenta il tuo desiderio sessuale. Il caffè può stimolare il cervello ad aumentare l'eccitazione.

I ricercatori dell'Università del Texas hanno scoperto che gli uomini che bevono 2-3 tazze di caffè al giorno hanno meno probabilità di soffrire di disfunzione erettile.

Zafferano

Lo zafferano è un afrodisiaco naturale e dovrebbe venire consumato per migliorare il tuo desiderio sessuale e le tue prestazioni a letto. Lo zafferano può anche aumentare la resistenza e l'energia.

Bistecca

La classica bistecca è un ottimo ingrediente per aumentare il tuo desiderio sessuale: contiene zinco, vitamina B, ferro e proteine. Questi composti sono essenziali sia per gli uomini che per le donne poiché aiutano a migliorare la libido.

CAPITOLO 7

COME DURARE PIÙ A LUNGO A LETTO?

Ci sono alcune cose nella vita che non sono destinate a durare a lungo ma il sesso... non è una di quelle cose.

Non fraintendermi, c'è sicuramente un tempo e un posto per le sveltine e, possono essere super eccitanti. Ma la maggior parte delle volte, il sesso dovrebbe essere goduto in particolare con zero limiti di tempo.

Evita l'eiaculazione precoce con questi esercizi

Puoi far lavorare braccia, addominali e petto quanto vuoi, ma nessun guadagno muscolare ti aiuterà a battere l'eiaculazione precoce e la disfunzione erettile, per questo dovrai allenare il tuo pavimento pelvico.

Se non sei sicuro di come farlo, non preoccuparti, abbiamo messo insieme un allenamento in tre mosse per te, ma sappi che questo non è esattamente il tipo di allenamento che vorresti fare in palestra. Tuttavia, è estremamente efficace per impedirti di tagliare il traguardo troppo in anticipo. Uno studio condotto nel

2005 ha rivelato che il rafforzamento del pavimento pelvico di un uomo - i muscoli che circondano la base del pene e formano una mensola sul fondo del bacino - "dovrebbe essere considerato un approccio di prima linea per gli uomini che cercano una risoluzione a lungo termine della loro disfunzione erettile".

Questo allenamento non ti aiuta solo ad affrontare la disfunzione erettile, ma migliora anche le tue prestazioni in camera da letto; ecco come prendere due piccioni con una fava.

Per alcune persone il problema potrebbe essere al di là della capacità di risolvere il nostro allenamento in 3 mosse. Se pensi che le tue prestazioni in camera da letto non saranno risolte da questo allenamento, considera invece di consultare queste risorse:

Esercizi di Kegel

Serie e ripetizioni: 3 serie da 30 ripetizioni, da 3 a 4 volte a settimana

Perché: questi sono senza dubbio i migliori esercizi per il sesso, quindi se hai tempo per un allenamento con una mossa, assicurati che questa sia la mossa corretta..

Come eseguirli: stringi i muscoli che useresti per interrompere il flusso di urina e trattieni la contrazione per 1 o 2 secondi (concentrati sull'uso solo dei muscoli pelvici e non dei glutei, della coscia o dei fianchi).

Hip Thrust con bilanciere

Serie e ripetizioni: 3 serie, 10 ripetizioni

Perché: le spinte dell'anca miglioreranno la mobilità dell'anca, la forza dei glutei e la capacità di spinta, che può essere molto utile durante il sesso, per ovvi motivi...

Come eseguirli: sdraiati con la parte superiore della schiena appoggiata su una panca e i piedi appoggiati sul pavimento davanti a te. Appoggia un bilanciere sulla piega dei fianchi e solleva i fianchi finché il tuo corpo non forma una linea retta dalle spalle alle ginocchia. Tenere la contrazione per un conteggio di qualche secondo e poi tornare lentamente alla posizione iniziale.

Squat frontali

Serie e ripetizioni: 3 serie, 8-10 ripetizioni

Perché: gli esercizi composti mirano ai muscoli più grandi del tuo corpo. La National Strength and Conditioning Association ha scoperto che le mosse composte, che includono anche lo stacco e la panca, provocano un'enorme risposta ormonale, facendo salire i livelli di testosterone. Questo può aiutarti ad avere orgasmi più lunghi e potenti.

Come eseguirli: stai con i piedi alla larghezza delle spalle tenendo un bilanciere sulla parte superiore del torace. Puoi sostenere il peso sulle dita, con i polsi estesi, o incrociare le braccia per sostenere il peso. Facendo attenzione a non inarcare la schiena, spingere indietro i fianchi e piegare le ginocchia per abbassare il corpo finché le cosce non sono parallele al pavimento. Spingi i talloni sul pavimento per tornare indietro in modo esplosivo alla posizione di partenza.

Altalena con kettlebell

Serie e ripetizioni: 3 serie, 10-15 ripetizioni

Perché: una ricerca della Harvard Medical School suggerisce che una forte regione del pavimento pelvico "aumenta la rigidità durante le erezioni e aiuta a impedire che il sangue esca dal pene". Lo swing con kettlebell aiuterà a rafforzare la catena posteriore e la regione pelvica, aiutandoti a durare più a lungo e ad essere più attivo durante il sesso. Può anche migliorare la funzione cardiovascolare.

Come eseguirli: stare in piedi con i piedi più larghi della larghezza delle spalle e piegare le ginocchia per afferrare il kettlebell con entrambe le mani. Guida i fianchi, mantieni la schiena piatta e fai oscillare il peso fino all'altezza delle spalle. Torna alla posizione di partenza e ripeti senza perdere slancio.

Squat

Serie e ripetizioni: 3 serie, 10 ripetizioni

Perché: gli esercizi di forza possono aumentare i livelli di testosterone, ma gli squat possono anche aumentare il flusso sanguigno nella regione pelvica, rendendo gli orgasmi più intensi.

Come eseguirli: stai con i piedi alla larghezza delle spalle. Inizia il movimento piegando le ginocchia e sedendoti indietro con i fianchi. Scendi il più possibile e riporta rapidamente il movimento alla posizione di partenza. Tieni la testa alta e la schiena dritta durante il movimento.

7 Metodi per gli uomini per durare di più a letto

Come durare più a lungo a letto assicurandoti che la tua partner venga per prima

Supponiamo che tu tenda a raggiungere l'orgasmo immediatamente dopo la penetrazione, ma la tua partner ha bisogno di mezz'ora di stimolazione clitoridea seria per raggiungere un orgasmo.

Puoi risolvere il problema con il cunnilingus non come preliminari ma come "coreplay".

In altre parole, questo è l'evento principale.

Ecco la tecnica: lei viene prima, dopo la necessaria mezz'ora di vigoroso cunnilingus. Poi la penetri, eiacula subito e *Voilà*. . . orgasmi quasi simultanei.

Bello, eh? Bene, questo presuppone che entrambi amiate il cunnilingus. Non tutti lo fanno.

Invece, alcuni uomini si limitano a toccare la partner per stimolarla all'orgasmo. A differenza della lingua, però, le dita e le mani tendono a stancarsi.

Spesso è necessario un buon vibratore e alcune coppie trovano che questo metodo funzioni molto bene.

Ma l'unica ragione per durare più a lungo è tenere il tuo pene fuori dall'azione fino alla fine. Se alla tua lei piace davvero il rapporto, questo metodo potrebbe non bastarle, anche se ottiene un orgasmo ogni volta.

Diamo un'occhiata ai pro e ai contro di questo metodo, in generale:

Pro:

- Accettazione della tua tendenza a essere precoce.
- Ottimo per lei, se onestamente non è così pazza per il rapporto sessuale. Alcune donne semplicemente non lo sono (suggerimento: meglio chiedere).

Contro:

- Non così eccezionale, se ciò che desidera veramente è un "orgasmo misto" con te dentro di lei (ancora una volta, è meglio chiedere).
- La versione classica del cunnilingus di questa tecnica manca di contatto faccia a faccia, tranne che alla fine, e funziona solo se entrambi amate il cunnilingus.

- La versione "manuale" di questa tecnica può tendere a causare l'affaticamento della mano.

Come durare più a lungo a letto assicurandosi che ci sia un secondo round

Le coppie che usano questa tecnica pianificheranno specificamente di eiaculare subito.

Faranno la penetrazione abbastanza presto nei preliminari, come antipasto veloce. Poi, dopo che lui ha raggiunto l'orgasmo, si sistemeranno a letto insieme, parleranno, si coccoleranno e si godranno la reciproca compagnia fino a quando lui non si sentirà di nuovo pronto, momento in cui andranno per il secondo round.

La maggior parte degli uomini con eiaculazione precoce durerà più a lungo nel secondo round. Soprattutto perché a quel punto sono meno eccitati.

Molti uomini con EP che hanno bisogno di un secondo round dicono di pentirsi di non essere mai stati in grado di godersi il sesso bollente alimentato da un desiderio a gola piena.

Alcuni uomini faranno il primo round da soli, quindi eseguiranno il secondo round in seguito con la loro partner. Ma è come presentarsi al ristorante, avendo già mangiato, il che difficilmente rappresenta una soluzione ideale.

Diamo un'occhiata ai pro e ai contro di cercare di durare più a lungo a letto aspettando il secondo round:

Pro:

- Nessuna richiesta di prestazioni per lui nel primo round.
- Piena accettazione della sua incapacità di ritardare l'eiaculazione.

Contro:

- Non tutti gli uomini con eiaculazione precoce in realtà durano più a lungo nel secondo round.
- Non adatto per il sesso veloce, poiché richiede due round.
- Funziona meglio per gli uomini più giovani. Pochi altri hanno il tempo e l'energia per farlo.

Come durare più a lungo a letto riducendo la sensazione fisica

Ci sono molte variazioni su questo tema, ma l'idea di base è la stessa.

L'eccitazione sessuale, in parole povere, consiste nella stimolazione fisica più psicologica - "attrito più fantasia", se vuoi.

Riduci la sensazione fisica e hai eliminato metà del problema. Ora è molto più facile rimanere al di sotto di quella che viene chiamata la soglia dell'orgasmo.

Il metodo classico per durare più a lungo riducendo la sensazione è usare un preservativo. Altri metodi popolari prevedono l'intorpidimento del pene con anestetico locale: spray, salviettine, creme, ecc.

Ma chi altro se non un uomo con eiaculazione precoce avrebbe mai provato a fare del sesso meno eccitante?

Una variazione interessante su questo tema è quella che viene chiamata "tecnica di allineamento coitale". Ecco come si fa:

Posiziona il tuo pene il più in profondità possibile nella sua vagina. Solo la parte più esterna della sua vagina ha muscoli in grado di afferrare saldamente il tuo pene. Se tieni il tuo pene in profondità dentro di lei, la testa sensibile del tuo pene rimane lontana dalla parte più stretta della sua vagina.

Se premi saldamente il tuo bacino contro il suo, ora puoi strofinare contro il tuo corpo per stimolare il suo clitoride. Causerai una buona stimolazione del clitoride per lei, ma il tuo pene rimane quasi immobile dentro di lei, riducendo al minimo la stimolazione fisica per te.

Preservativi, creme, spray, salviettine e allineamento coitale hanno tutti in comune il fatto che cercano di ridurre al minimo la sensazione fisica. Diamo un'occhiata ai pro e ai contro di cercare di durare più a lungo a letto con questi mezzi:

Pro:

- I preservativi aiutano anche a prevenire le malattie sessualmente trasmissibili.

Contro:

- Creme, spray e salviettine non sono l'ideale romantico della maggior parte delle coppie.

Come durare più a lungo a letto riducendo l'eccitazione psicologica

L'eccitazione sessuale ti tiene nel momento. Se ti allontani dal momento, probabilmente la tua eccitazione diminuirà. Potresti durare più a lungo, ma non sarà un sesso memorabile.

Ci sono molti modi per tirarti fuori dal momento, distraendoti e pensando a qualcos'altro. Alcuni cercano di durare più a lungo pensando a cose irrilevanti. (Quante capitali di stato puoi nominare?)

Più comunemente, un uomo potrebbe costringersi a pensare a qualcosa di negativo o spiacevole, per spegnersi. Il suo insegnante di scuola elementare meno preferito, per esempio.

Altre tecniche includono evitare posizioni sessuali che trovi particolarmente eccitanti. O evitare i partner che trovi particolarmente eccitanti.

Comprensibile, come adattamento a una bassa soglia di eccitazione. Ma chiaramente triste, come strategia per fare l'amore.

Oh, e un'altra cosa:

Le partner tendono ad odiare queste tecniche soprattutto. Voglio dire, come vorresti fare sesso con qualcuno mentre pensa al suo insegnante meno preferito?

Dopotutto, non si tratta solo di quanto dura il rapporto. Riguarda anche se sei emotivamente presente con la tua partner o semplicemente fai le tabelline nella tua testa.

Ecco il mio resoconto dei pro e dei contro di cercare di durare più a lungo a letto riducendo il tuo livello di eccitazione psicologica:

Pro:

- A differenza delle creme e degli spray paralizzante, puoi farlo in un attimo, ogni volta che vuoi.

Contro:

- Di solito non funziona molto bene.
- Vuoi davvero che la tua mente inizi automaticamente ad associare i rapporti sessuali ai ricordi del tuo insegnante meno preferito?
- Sei mentalmente "fuori da qualche altra parte". Cosa che potrebbe irritare la tua partner.
- È improbabile che sia una grande esperienza di legame per voi due.

Come durare più a lungo a letto ingerendo alcol o altre sostanze

Gli uomini con eiaculazione precoce hanno storicamente utilizzato una vasta gamma di sostanze psicoattive per durare più a lungo a letto.

Alcuni tossicodipendenti riferiscono che l'eroina è notevolmente efficace per l'eiaculazione precoce. (L'astinenza da eroina può produrre l'effetto opposto). Il tramadolo oppioide più mite (che ha anche effetti di potenziamento della serotonina nel sistema nervoso centrale) si è dimostrato efficace per l'EP negli studi di ricerca.

Occasionalmente gli uomini riferiscono anche buoni risultati con alcuni ceppi di cannabis.

Ma di gran lunga la droga ricreativa più utilizzata per l'eiaculazione precoce è l'alcol.

Pro:

- Facilmente disponibile e socialmente accettabile (alcol).
- Utile per il relax, soprattutto se sei ansioso.

Contro:

- Rischio di sedazione, incluso addormentarsi prima o durante il rapporto sessuale.
- Rischio di non ricordare molto la mattina successiva.
- Rischio di dipendenza.
- Non è la migliore idea, se hai un orario di inizio anticipato in ufficio il giorno successivo.
- Necessità di evitare di guidare a casa in seguito.
- A volte può essere complicato assumere la dose giusta, specialmente se sei con una nuova partner e non sei sicuro di quando avverrà il sesso.

Imparare a durare più a lungo a letto con la terapia sessuale

La terapia sessuale, come originariamente sviluppata da Masters e Johnson negli anni '60, prevedeva due tecniche per il trattamento dell'eiaculazione precoce: "concentrazione sensoriale" e "start-stop".

La "concentrazione sensoriale" era ciò che ora chiameremmo una pratica di "consapevolezza". All'inizio il rapporto era proibito sostituito dal passare del tempo a toccare la tua partner o ad essere toccato da lei, prestando solo calma attenzione alle tue sensazioni nel momento.

A molte coppie piaceva la facile sensualità della concentrazione sensoriale e l'assenza di qualsiasi pressione per avere rapporti sessuali spesso sembrava un sollievo. C'è da dire però che la concentrazione sensoriale di per sé non ha necessariamente aiutato gli uomini con eiaculazione precoce a durare più a lungo a letto.

La seconda tecnica, "start-stop", aveva lo scopo specifico di aiutare un uomo con EP a durare più a lungo. Basandosi sulle abitudini di osservazione di sé consapevoli che aveva appreso attraverso la focalizzazione sensoriale, avrebbe notato attentamente il suo livello di eccitazione e si sarebbe fermato quando avesse sentito il primo segno di un orgasmo imminente, quindi avrebbe ripreso la stimolazione una volta che la sensazione fosse passata.

Un uomo con EP si eserciterebbe prima da solo, finché non fosse abbastanza sicuro di provarlo durante il sesso con il partner.

Molti terapisti sessuali raccomandano ancora la concentrazione sensoriale e lo start-stop per gli uomini con eiaculazione precoce che vogliono durare più a lungo a letto. Ma vedo abitualmente uomini che hanno provato queste tecniche e sono stati scoraggiati dai risultati.

Ecco la mia carrellata dei pro e dei contro della terapia sessuale tradizionale per l'EP:

Pro:

- Comunicazione migliorata.
- Possibilità di imparare a osservare più attentamente la propria eccitazione.
- Ritmo più lento nel fare l'amore.
- Meno attenzione al rapporto.

Contro:

- Altamente controllato, cosa che molte coppie considerano "troppo clinico".

- Spesso non si traduce bene in sesso spontaneo e appassionato.

- L'investimento di tempo e soldi può essere proibitivo, poiché il trattamento spesso richiede sessioni continue.

- Spesso inefficace per l'eiaculazione precoce, specialmente se grave.

- Start/stop implica automaticamente la riduzione dell'eccitazione, come discusso sopra, poiché la stimolazione deve interrompersi non appena l'eccitazione inizia ad avvicinarsi all'orgasmo.

Come durare più a lungo a letto combinando i farmaci con la terapia sessuale

C'è molto di più nel buon sesso che negli orgasmi perfettamente sincronizzati.

Se sotto farmaci non devi più preoccuparti di eiaculare ogni volta che la tua partner muove il bacino, è un grande miglioramento ma questo non è detto che ti procurerà necessariamente del sesso fantastico.

Uno dei grandi contributi della terapia sessuale tradizionale è stato quello di aiutare le coppie ad andare oltre le nozioni di sesso basate sulle prestazioni e di coltivare una consapevolezza cosciente della propria esperienza.

Quando lo fai spesso, il sesso migliora. Anche la comunicazione spesso migliora.

Il trattamento che combina farmaci e terapia sessuale per l'eiaculazione precoce può essere il migliore tra tutti quelli elencati. I farmaci possono essere il "biglietto d'ingresso" di un uomo per un mondo di scoperte erotiche molto più grandi.

E le tecniche di terapia sessuale tendono a funzionare molto meglio quando un uomo con EP in terapia non deve più rimanere così concentrato sul non eccitarsi troppo.

Pro:

- I farmaci, riducendo la necessità di un uomo di ridurre l'eccitazione, possono consentirgli di fare un uso migliore della terapia sessuale.
- Le tecniche di terapia sessuale per l'EP spesso funzionano meglio dopo l'aggiunta del farmaco.

Contro:

- Richiede un operatore sanitario esperto sia in terapia farmacologica che sessuale.

- Altrimenti, sono necessari due operatori sanitari separati: uno per supervisionare i farmaci e l'altro per condurre la terapia sessuale.

CAPITOLO 8

8 TECNICHE PER CURARE L'EIACULAZIONE PRECOCE

Studia il Kamasutra

C'è una tecnica menzionata nel Kama Sutra per ritardare l'eiaculazione che fondamentalmente si riduce all'allenamento per durare più a lungo. Inizia lentamente, con non più di una corsa "dentro/fuori" ogni tre secondi. Quindi, aggiungi più colpi, lentamente, nel corso di 4 o 5 minuti, fino a quando non stai muovendo un colpo al secondo. Se inizi a sentire che stai per venire, fermati e fermati dentro la tua partner finché non senti di nuovo il controllo, quindi ricomincia l'intero processo.

Esci dalla tua testa

"L'ansia da prestazione è il killer numero uno delle erezioni", afferma Patti Britton, sessuologa clinica certificata. "Sposta il tuo pensiero su una voce interiore più sicura, invece di una voce preoccupata." Una "mentalità auto-debilitante" è ciò che spegne i ragazzi, spiega. Quando inizi a provare ansia, fermati, fai un respiro e esci dalla testa, concentrandoti invece sui sentimenti che il tuo corpo sta producendo per te.

Rallenta

Invece dello stile frenetico del martello pneumatico a cui molti uomini sono così affezionati, prova a prenderti il tuo tempo. Il sesso a un ritmo più lento porta a un'esperienza più connessa per entrambe le persone. È più sensuale perché stai accarezzando ed esplorando il resto del suo corpo. Bacia il suo collo, strofina il suo orecchio, lascia che le tue mani esplorino delicatamente il suo corpo. La cosa più importante da tenere a mente che ti aiuterà a durare più a lungo? Goditi il viaggio che porta alla tua destinazione.

Usa uno "spray ritardante"

Se stai ancora lottando per durare più a lungo, considera l'utilizzo di uno "spray ritardante". È un potenziatore della resistenza che desensibilizza i nervi del tuo pene con un minimo di tre spruzzi (e fino a 10). Il principio attivo è la lidocaina (che è stata dimostrata essere sicura ed efficace dalla Agenzia per gli Alimenti e i Medicinali). Godrai ancora delle sensazioni. Pensa a questo come alla tua chiave per trasformare uno sprint maniacale in una maratona immensamente gratificante.

Praticate il metodo 7 e 9

Come il metodo Kama Sutra (menzionato al n. 1, sopra), viene raccomandata la tecnica 7 e 9. Sono 7 colpi veloci dentro/fuori, seguiti da 9 colpi lenti dentro/fuori. Quindi ripeti: 7 veloce, 9 lento, 7 veloce, 9 lento. Questo ritmo è buono per i ragazzi che non durano quanto la loro partner ha bisogno, e va bene per le donne, poiché stabilisce un buon ritmo anche per la sua stimolazione.

Non andare in profondità

Se ritieni che le continue spinte profonde provochino un orgasmo fin troppo rapido, prova a penetrare solo la parte inferiore della sua vagina, in altre parole, fai spinte più superficiali. Inoltre, l'alternanza tra spinte superficiali e profonde può farti durare più a lungo e renderà l'esperienza molto più divertente!

Comprimi

Viene anche consigliato di esplorare la "tecnica della compressione". Ci sono tre aree del pene in cui spremere o applicare pressione può aiutare un uomo a sostenere o mantenere un'erezione. Per il primo, fai un anello stretto con l'indice e il pollice attorno alla base dell'asta quando è eretta, simulando un anello del pene. Questo può aiutare un uomo a mantenere il flusso sanguigno al pene gonfio. Il secondo: esercitare pressione sulla parte inferiore della testa. Questo è un punto caldo maschile, densamente nervoso. E infine, premendo sul "perineo", o il punto tra l'ano e la base dei testicoli, se premuto con il dito, congestionerà il flusso di eiaculato e aiuterà a sedare il rilascio anticipato dell'erezione.

Cambia le cose

La cosa migliore da fare se ti stai avvicinando al limite? Altera la tua velocità, consiglia l'esperta di sessualità umana Catherine Toyooka. "Prova a stuzzicarla", suggerisce. Tira fuori il tuo pene e massaggia sensualmente solo la testa su e giù e tra le sue labbra. Le vagine hanno molte terminazioni nervose raggruppate nella parte inferiore del loro canale vaginale, quindi questa mossa sarà comunque molto piacevole da provare.

CAPITOLO 9

LE MIGLIORI POSIZIONI SESSUALI PER DURARE DI PIÙ A LETTO

Come alcune posizioni sessuali ti aiutano a durare più a lungo

Molti uomini sono creature basilari. Conoscono due o tre posizioni sessuali, e basta.

Ciò di cui gli uomini che sperimentano l'eiaculazione precoce non si rendono conto è che alcune posizioni sessuali possono effettivamente aiutarli a durare più a lungo, per una serie di motivi:

1. Non consentono una spinta così lunga o profonda, impedendoti di essere sovrastimolato.

2. Non si basano affatto sulla spinta o sulla penetrazione, limitando la velocità con cui ti ecciti.

3. Sono difficili da eseguire, quindi la tua attenzione è sul mantenimento della posizione piuttosto che sulle sensazioni nel tuo pene.

4. Ti mettono al posto di guida, permettendoti di controllare la quantità di stimoli che ricevi e impedirti di navigare oltre il bordo.

5. Danno la priorità al suo piacere, che di solito comporta spinte meno vigorose di quanto pensi.

Imparando le posizioni migliori per durare più a lungo, diventa molto meno noioso a letto e non ci si limita alle solite due posizioni.

Le donne apprezzano l'opportunità di scoprire nuove sensazioni, non sapendo mai cosa aspettarsi da lui a letto.

Cambiare posizioni

1. Cambiare posizione durante il sesso è una mossa da pornostar totale che le donne adorano: aggiunge varietà e nuove sensazioni alle tue posizioni sessuali.

2. Per gli uomini con eiaculazione precoce, cambiare posizione ha un'implicazione completamente diversa: l'opportunità di una pausa se senti che il grande traguardo si avvicina.

Accontentala

Ben il 75% delle donne non raggiunge mai l'orgasmo dal solo rapporto sessuale, facendo affidamento su giocattoli, mani e lingua per portarla lì o almeno per lo più lì.

Questa è un'ottima notizia per i ragazzi con eiaculazione precoce.

Sii il ragazzo che ascolta le suppliche di innumerevoli donne. Vai tutto per tutto nei preliminari come baci, giochi di mano, giochi con i capezzoli e sesso orale.

Se riesci a portare la tua partner al culmine prima ancora che avvenga la penetrazione, la velocità con cui tu verrai avrà un impatto molto minore su come vi sentite entrambi riguardo alla sessione di sesso.

Prenditi del tempo concentrandoti su di lei! Quindi non devi mai preoccuparti se stai bene a letto o meno. Puoi quindi concentrarti sul ritardare il tuo orgasmo per il tuo bene, non solo per il suo.

Cowgirl

Come fare: L'uomo si sdraia comodamente supino e la donna gli si inginocchia sopra e prende il volante. In questa posizione la donna imposta la velocità e l'uomo la aiuta muovendo i fianchi per penetrarla più in profondità e aumentare il piacere. È una posizione molto popolare e i partner possono toccarsi facilmente (l'uomo può facilmente accarezzare le sue zone più sensibili: seno e clitoride).

Come aiuta: Questa è una posizione in cui rinunciare a un po' di controllo può davvero aiutarti. La tua partner ha il controllo quasi completo della penetrazione, privandoti della capacità di spingere rapidamente e con forza se lo spirito ti muove. Assicurati che la tua lei sappia limitare il tuo piacere e concentrarti sul suo piacere. Ciò comporterà probabilmente una profonda stimolazione del clitoride: la pausa perfetta per il tuo pene.

Cucchiaio

Come fare: La donna giace su un fianco; la sua gamba destra è leggermente piegata a livello del ginocchio. L'uomo giace dietro di lei, con un braccio intorno alla vita o toccandole la vagina. Le gambe dell'uomo sono distese lungo le gambe della partner, quindi la gamba sinistra è distesa mentre la destra è leggermente piegata. Questa è una posizione molto semplice e sexy che tutti dovrebbero provare, soprattutto al mattino!

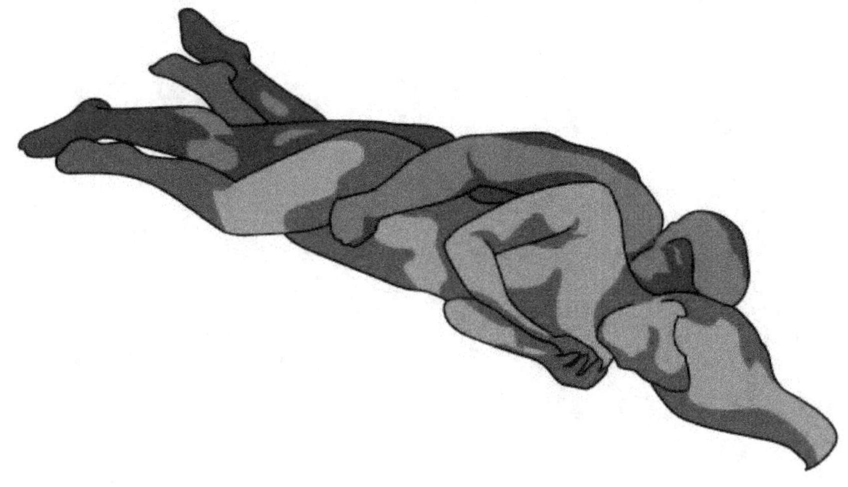

Come aiuta: I colpi a tua disposizione in questa posizione saranno molto brevi, impedendoti di fare le lunghe e selvagge spinte che spingono la maggior parte degli uomini oltre il punto di non ritorno.

I colpi brevi mirano al suo punto G, rendendolo perfetto per lei. Concentrati sul digrignare i fianchi contro il suo sedere e considera di stimolare il suo clitoride con le dita.

Se riesci a portarla all'orgasmo, è più facile sentirti bene con il tuo orgasmo ogni volta che accade.

La forbice incollata

Come fare: La donna e l'uomo giacciono su un fianco, rivolti faccia a faccia e abbracciati. L'uomo mette una gamba tra le gambe della sua donna, lei la circonda con le cosce, piegando la gamba sopra il ginocchio. L'uomo può accarezzare il collo, la schiena, le natiche della sua signora e baciarle le labbra, continuando a muoversi in lei. Sarà un sesso molto gentile e sensuale.

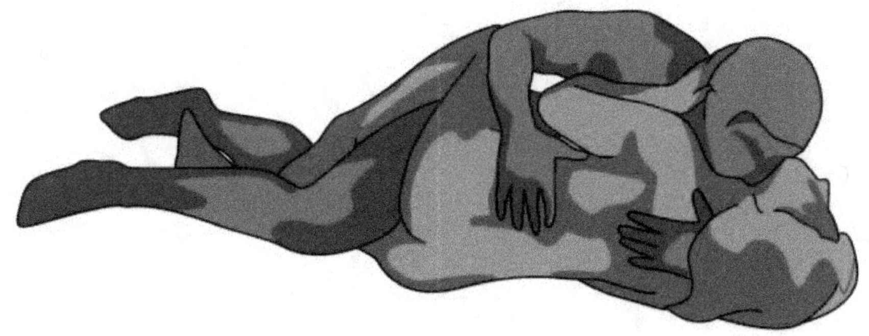

Come aiuta: Entrambi i partner controllano quanto in profondità spingono, risultando in una posizione sessuale che è sia attiva che passiva per entrambi i partner.

L'uomo rinuncia al controllo, permettendogli di concentrarsi sulle sensazioni limitando quanto può spingere.

Missionario non penetrante

Come fare: Sdraiati sopra la tua partner come in un normale missionario, ma non penetrarla. Invece, strofina la parte posteriore del pene contro la vulva, il clitoride e il perineo.

Come aiuta: La maggior parte delle persone non pensa mai di provare questa forma di missionario, ma può essere una manna dal cielo per gli uomini che vengono troppo in fretta.

C'è ancora molta umidità e calore, ma la sensazione è focalizzata sulla parte posteriore meno sensibile del pene, non sulla parte anteriore dell'asta e della testa, da cui proviene la stimolazione più orgasmica. La tua lei lo adora perché può strofinare il clitoride contro l'asta.

La Pecorina Sdraiata

Come fare: La pecorina di solito è una cosa da "fine del sesso" perché con l'uomo che ha il controllo della spinta, della profondità e dello slancio dalla sua parte (oltre a una splendida vista), è quasi impossibile durare a lungo.

L'ingresso posteriore inclinato è una svolta alla pecorina che coinvolge entrambi voi sdraiati, lui sopra di lei. Pensalo come un missionario con la tua partner capovolta o con un cucchiaio ruotato a faccia in giù.

Come aiuta: La profondità di spinta a tua disposizione è notevolmente ridotta, permettendoti il divertimento della pecorina senza la stimolazione intensa.

Lei Sopra

Come fare: L'uomo giace sulla schiena, con le gambe dritte, leggermente divaricate. La donna giace sdraiata sopra il suo partner con le gambe divarciate in modo che i fianchi del partner siano al loro interno. I partner sono a stretto contatto, possono baciarsi senza fermarsi, il che aumenterà solo il loro desiderio e le sensazioni erotiche.

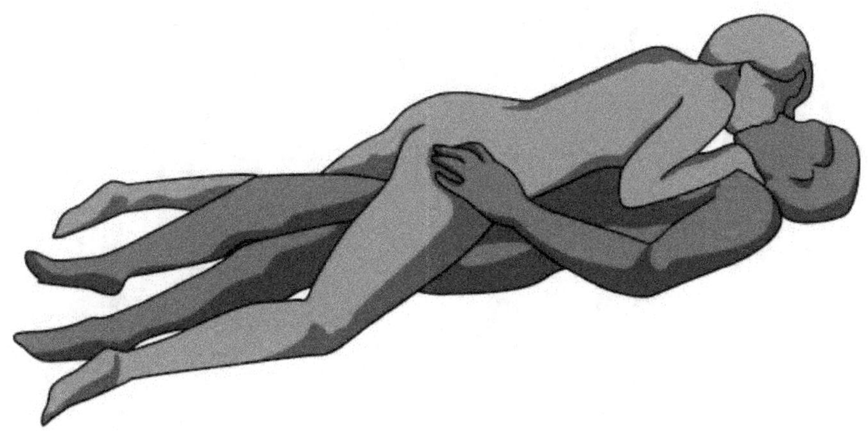

Come aiuta: Questa posizione consente alla donna di avvolgere profondamente il pene limitando la capacità di spinta.

Le piace il profondo senso di pienezza e può strofinare il clitoride contro il tuo pube, senza spinte vigorose per perdere il controllo. È lei la responsabile, quindi assicurati di comunicare con lei se ti stai avvicinando e hai bisogno di una pausa.

Siediti sul trono

Come fare: L'uomo si siede su una sedia con la schiena dritta e le gambe divaricate. Lei si siede sui suoi fianchi con le gambe strette e toccando il pavimento solo con le punte dei piedi. La donna mantiene le braccia tese sulle gambe dell'uomo, appena sopra le ginocchia, e inclina la testa all'indietro. Lui la sostiene con i palmi delle mani sotto il seno e solleva il suo corpo su e giù.

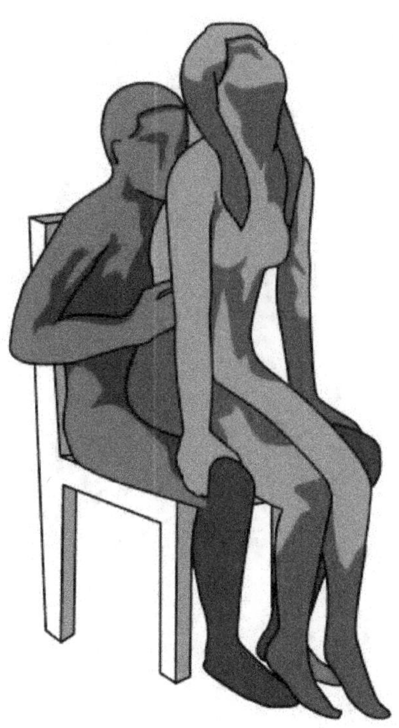

Come aiuta: La donna ha il controllo e di solito macina contro i tuoi fianchi, godendosi la penetrazione profonda senza spinte lunghe o veloci.

L'Aquila

Come fare: La donna si sdraia sulla schiena, solleva e allarga le gambe e porta le cosce, divaricate, verso il proprio addome. Il partner le si avvicina e la penetra, iniziando con movimenti lenti mantenendo le gambe divaricate ma i piedi uniti. Le gambe della donna si avvolgono alle braccia del partner maschile e lei può aumentare le sensazioni di lui toccandogli natiche e schiena.

Come aiuta: Senza le spinte lunghe e intense, è più facile evitare che il tuo pene venga sovrastimolato. Nel frattempo, il tuo partner adorerà la rettifica ad azione frontale. Lei sfrega il clitoride mentre il tuo pene riempie completamente la vagina.

Il Custode

Come fare: La donna giace supina orizzontalmente sul tavolo, afferrando i bordi opposti del tavolo. L'uomo sta in piedi tra le gambe di lei che sono piegate sulle ginocchia e sollevate. Le ginocchia della donna poggiano sul petto dell'uomo e i suoi piedi sono sulle sue natiche. L'uomo accarezza il seno della donna durante il rapporto. Con l'altra mano tiene la sua donna per il ginocchio. Per le sensazioni più intense potete mettere il cuscino sotto il bacino della partner.

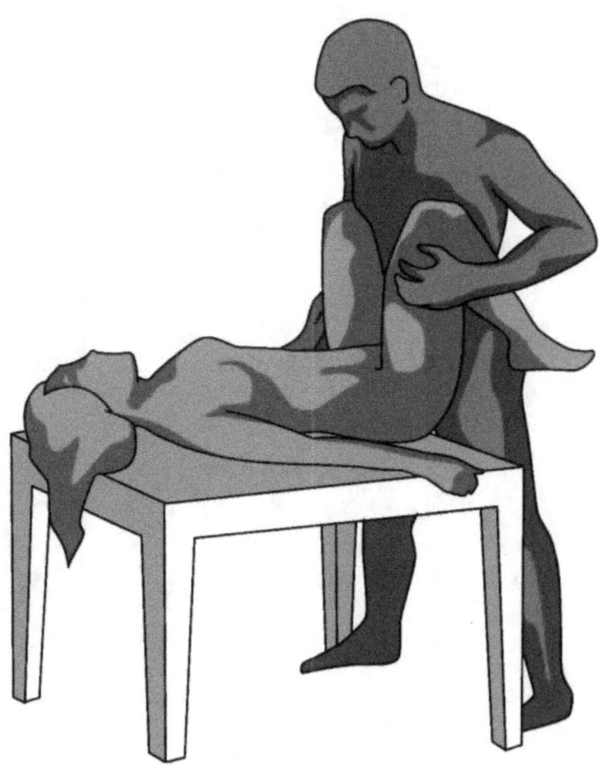

Come aiuta: Questa posizione offre una profonda penetrazione, intimità e ha la possibilità di spingere velocemente o lentamente, il che crea anche una grande opportunità per fare una pausa se necessario. Questa posizione la avvantaggia enormemente poiché il cuscino le solleverà leggermente il bacino, consentendo una penetrazione più profonda e l'opportunità di indirizzare il suo punto G in modo più efficace.

Il Ponte

Come fare: La donna si sdraia supina sul pavimento e piega le ginocchia, allungando le braccia sopra la testa e piegando il corpo per vedere il partner. Lui, inginocchiato sopra di lei, si appoggia con una mano vicino al suo corpo e le abbraccia la vita con l'altra mano mentre la solleva lasciandola poggiata a terra solo sulle spalle.

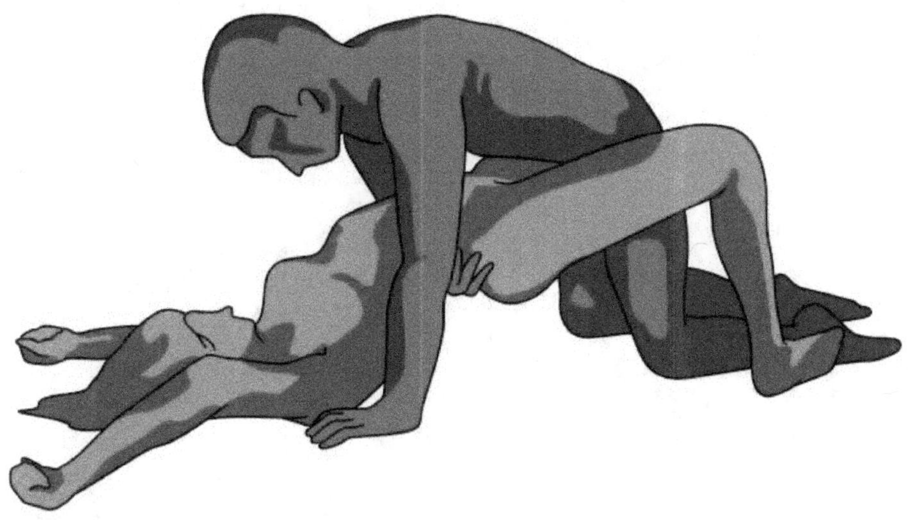

Come aiuta: Da questa posizione non puoi spingere così profondamente, né con tanta forza in quanto non hai la leva dei tuoi fianchi liberi.

Hai anche il controllo e sei libero di tornare indietro se le cose si fanno troppo intense.

Inoltre, la tensione necessaria per mantenere la posizione in ginocchio può distrarti dal tuo piacere quanto basta per ritardare l'orgasmo.

CAPITOLO 10

COME MIGLIORARE LA TUA VITA SESSUALE

Molti uomini sono interessati a migliorare il piacere e la soddisfazione propri e delle loro partner durante il sesso.

Tuttavia, concentrarsi sulle prestazioni sessuali può portare all'ansia. Una serie di semplici cambiamenti nello stile di vita può aiutare a:

- ridurre l'ansia
- migliorare la disfunzione erettile
- migliorare le relazioni con le partner sessuali
- aumentare la resistenza

Questi cambiamenti possono rendere il sesso più piacevole e soddisfacente per tutte le persone coinvolte.

È importante notare che preoccuparsi di ottenere e mantenere l'erezione è spesso un fattore chiave nell'ansia da prestazione.

16 modi per migliorare le prestazioni sessuali

I seguenti metodi possono aiutare a ridurre la disfunzione erettile, aumentare la resistenza e migliorare la qualità generale del sesso:

Concentrarsi sui preliminari

Alcuni uomini credono che la penetrazione sia la parte più importante e anche la parte determinante del sesso.

Tuttavia, molti che soffrono di disfunzione erettile possono essere incoraggiati nell'apprendere che non hanno bisogno di un'erezione per compiacere le loro partner. In effetti, la disfunzione erettile può anche essere un incentivo a provare nuove strategie che funzionano meglio per la propria partner.

I preliminari possono includere toccare, baciare e fare sesso orale. Far durare i preliminari può migliorare l'esperienza sessuale per tutte le persone coinvolte.

I preliminari possono essere particolarmente importanti per le donne. Uno studio del 2017 ha rilevato che pochissime donne - circa il 18% - sperimentano un orgasmo solo dal rapporto sessuale. Secondo gli stessi risultati, il 36,6% delle donne ha affermato che la stimolazione del clitoride era necessaria per l'orgasmo durante il rapporto.

Prova la tecnica start-stop

Gli uomini che vogliono durare più a lungo durante il rapporto possono provare la tecnica start-stop.

Per utilizzare questa tecnica, interrompi l'attività sessuale ogni volta che l'eiaculazione sembra imminente. Respira profondamente e ricomincia lentamente, quindi fermati per ritardare l'eiaculazione per tutto il tempo di cui necessiti.

Questo metodo può allenare il corpo a trattenere l'eiaculazione e aiutare un uomo a sentirsi più a suo agio senza eiaculare, anche durante un'intensa attività sessuale.

Non confrontare la tua vita sessuale con i film porno

Sfortunatamente, gli uomini possono imparare molto di ciò che sanno sul sesso dalla pornografia. Il problema è che le donne e gli uomini che appaiono nei film porno sono spesso in ottima forma fisica. Sia le donne che gli uomini sono ben dotati, il che può creare aspettative non realistiche.

Uno dei miti più distruttivi del porno è che convince così tanti ragazzi che sono troppo piccoli, dimenticando che la pornografia si auto-seleziona... Questi non sono uomini nella media. Sono l'estremo limite della scala.

Altri miti che gli uomini possono imparare dalla pornografia includono l'idea che le donne sono sempre pronte per il sesso, che le stesse mosse funzionano sempre su ogni partner e che il sesso finisce sempre con l'orgasmo.

Il porno non è poi così male. Può dare agli uomini idee per l'esplorazione sessuale e scenari divertenti da godere con le loro partner, con un avvertimento: devi essere consapevole che non è la realtà. È come guardare un inseguimento in auto in un film d'azione. È emozionante. È divertente. Ma tutti sanno che non è il modo di guidare.

Concentrarsi meno sulle dimensioni e di più su altri argomenti

Quando si parla di dimensioni del pene, gli uomini sentono sempre che le dimensioni non contano per le donne. Anche se questo può essere il caso per la maggior parte, non si tratta tanto di avere il pene più grande ma di quanto si adatta al tuo partner. Ci sono molte donne per le quali la dimensione fa assolutamente la differenza ma è sempre meglio concentrarsi sull'idea della giusta vestibilità.

Ci sono persone di tutte le "forme e dimensioni" e alcune si adattano meglio l'una all'altra. Per molte donne, gli uomini di taglia media sono la soluzione migliore. Di solito è una questione di preferenze personali. Tuttavia, non è qualcosa di cui preoccuparsi. Concentrarsi sui preliminari - baci, carezze e altri modi per dare piacere - può portare a rapporti sessuali soddisfacenti per uomini e donne di tutte le forme e dimensioni.

Non dimenticare di parlare anche con il tuo partner. Molte donne sono molto sensibili alla voce di un uomo durante i rapporti sessuali. Se un uomo ha facilità verbali e può attirare una donna attraverso la sua voce, questo può diventare una parte potente del suo repertorio.

Programma il sesso... Davvero!

Può sembrare banale programmare il sesso, ma in realtà può renderlo più rilassante con entrambi i partner che hanno aspettative più realistiche. C'è questa potente mitologia che dice che dovresti cadere l'uno nelle braccia dell'altro spontaneamente, con la musica degli archi che suona e il sole che tramonta in Occidente, e se ciò non accade c'è qualcosa che non va in te. Sciocchezze. La vita reale non funziona in questo modo.

Pianificare il sesso può anche eliminare il conflitto sulle differenze di desiderio e rimuovere la pressione per esibirsi. La gente dice: "E se non fossi dell'umore giusto?" Beh, una delle cose delle relazioni è che a volte fai dei compromessi. Ma ciò che stupisce le persone una volta che iniziano a programmare il sesso è che possono davvero goderselo.

Prova qualcosa di nuovo

Il piacere sessuale prospera in un ambiente pieno di passione ed eccitazione.

Se una persona è stata con un partner per molto tempo, il sesso può iniziare a sembrare routine e può sembrare sempre più difficile sentirsi eccitati, rimanere concentrati o compiacere il partner.

Può essere utile provare una nuova attività o posizione sessuale o fare sesso in un luogo diverso. Inoltre, parlare di fantasie sessuali può rendere il sesso più eccitante.

Inoltre, può aiutare a fare qualcosa di nuovo con un partner fuori dalla camera da letto, come ad esempio:

- cucinare insieme
- kayak o escursioni

- andare a un museo

- andare a sentire una nuova band

- provare un nuovo sport

Questo può aiutare le persone a sentirsi più connesse e l'eccitazione della nuova attività può portare molte migliorie in camera da letto.

Gestisci l'ansia e lo stress

L'ansia e lo stress possono rendere difficile ottenere o mantenere un'erezione. Questi sentimenti possono anche distrarre le persone dall'intimità sessuale.

Se un uomo si sente in ansia per come si esibirà sessualmente, potrebbe sentirsi meno eccitato per il sesso e meno coinvolto durante esso.

Le strategie per gestire l'ansia e lo stress includono:

- concentrarsi maggiormente sulle sensazioni fisiche che sulle prestazioni sessuali

- esercizio

- dormire di più

- lavorare per migliorare le relazioni

- meditazione

- dedicare più tempo a un hobby preferito

- andare in terapia

- assunzione di farmaci psichiatrici

Smetti di fumare

Fumare sigarette può causare ipertensione e altri problemi cardiaci che causano problemi di erezione.

Il fumo è anche correlato in modo indipendente alla disfunzione erettile. Un'analisi del 2015 di 13 studi sul fumo e sulle prestazioni sessuali ha rilevato che smettere di fumare spesso migliora la funzione sessuale e riduce la disfunzione erettile.

Comunicazione aperta

Parlare liberamente può migliorare significativamente le esperienze sessuali.

Se i problemi legati al sesso hanno creato tensione o preoccupazione, è meglio parlarne con un partner. Lavorare insieme su una soluzione può aiutare un uomo a sentirsi meno isolato e ad affrontare qualsiasi preoccupazione o senso di colpa.

Un partner può essere in grado di alleviare le paure sulla disfunzione sessuale e può avere suggerimenti pratici.

Affronta i problemi di relazione

Problemi al di fuori della camera da letto possono portare a disfunzioni sessuali. Ad esempio, un uomo che sente che una partner lo critica troppo può sentirsi ansioso durante il sesso, portando a esperienze meno soddisfacenti.

La comunicazione che si concentra sui sentimenti, non sulla colpa, può aiutare i partner ad affrontare le sfide relazionali. Alcune persone traggono beneficio anche dalla relazione o dalla terapia sessuale.

Fai più esercizio

Essere fisicamente attivi può ridurre i fattori di rischio per le malattie cardiache e migliorare la funzione sessuale e la salute generale.

Condizioni come l'ipertensione, malattie cardiache e diabete possono danneggiare i nervi e modificare la quantità di sangue che scorre al pene. Questo può rendere più difficile ottenere o mantenere l'erezione.

Inoltre, alcuni uomini ritengono che l'esercizio fisico regolare migliori la loro salute mentale, riducendo l'ansia e aiutandoli a sentirsi meglio con il proprio corpo.

Gli uomini possono anche trarre beneficio dall'esercizio dei muscoli coinvolti nell'eccitazione e nell'eiaculazione. Il seguente esercizio può aiutare:

- Durante la minzione, interrompi il flusso di urina. Ripeti più volte e impara a identificare i muscoli coinvolti.

- Quando non urini, prova a contrarre questi muscoli per 10 secondi. Rilassali per 10 secondi, quindi contraili per altri 10 secondi.

- Ripeti questo ciclo di contrazione e rilassamento 10 volte al giorno.

Pratica la consapevolezza

La consapevolezza è la pratica per diventare più consapevoli nel momento presente. È una forma di meditazione popolare per i principianti e può migliorare la funzione sessuale.

Una ricerca pubblicata nel 2017 suggerisce che le terapie basate sulla consapevolezza possono cambiare gli atteggiamenti negativi nei confronti del sesso, migliorare le relazioni sessuali e aiutare le persone ad essere più presenti durante l'attività sessuale.

La consapevolezza e la meditazione possono anche aiutare a gestire lo stress non correlato all'attività sessuale. Questo può indirettamente affrontare la disfunzione sessuale e migliorare la capacità di un uomo di concentrarsi sul momento.

Prova un rimedio a base di erbe

Alcuni rimedi erboristici possono migliorare la soddisfazione sessuale, soprattutto se la disfunzione erettile è un problema. Nel 2018, i ricercatori hanno pubblicato una revisione di 24 studi che coinvolgono rimedi erboristici come trattamenti per la disfunzione erettile.

Il ginseng ha fornito miglioramenti significativi, mentre un tipo di pino chiamato *Pinus pinaster* e la radice di maca, o *Lepidium meyenii*, hanno mostrato primi benefici positivi. Altre erbe, vale a dire lo zafferano e il *Tribulus terrestris*, non hanno mostrato risultati chiari.

Tuttavia, i risultati di un piccolo studio pubblicato nel 2017 hanno indicato che il *Tribulus terrestris* può aiutare con la disfunzione erettile.

Prima di provare i rimedi erboristici, parla con un medico. Le organizzazioni ufficiali non regolamentano gli integratori a base di erbe e possono avere effetti collaterali o interagire con i farmaci.

È importante consultare un operatore sanitario che sia informato sugli integratori e che possa monitorare l'andamento dei sintomi.

Considera la consulenza

La disfunzione erettile è spesso dovuta in parte a fattori psicologici. Questi possono includere:

- ansia e depressione
- problemi di relazione
- stigma sociale associato all'invecchiamento o alle dimensioni del pene
- condizioni di salute mentale non trattate
- una storia di trauma

La consulenza individuale può aiutare un uomo ad affrontare il ruolo di questi e altri fattori nella soddisfazione sessuale.

La consulenza relazionale può aiutare i partner a parlare apertamente della sessualità senza vergogna o giudizio.

Quando un uomo ha un problema di salute sottostante, ad esempio, la consulenza può aiutarlo ad affrontare lo stress della disfunzione erettile mentre comunica le opzioni con un partner.

Parla con un medico

Diversi farmaci possono aiutare con la funzione sessuale, compresi i farmaci popolari, come il Viagra.

I farmaci possono essere l'opzione di trattamento più rapida per alcuni uomini. Se un uomo che assume farmaci per la disfunzione erettile apporta anche cambiamenti nello stile di vita e partecipa alla terapia, alla fine potrebbe essere in grado di interrompere l'assunzione dei farmaci.

Una manciata di farmaci può influenzare la soddisfazione sessuale, la libido e la capacità di avere o mantenere l'erezione.

Gli antidepressivi, ad esempio, possono cambiare il modo in cui un uomo eiacula e ridurre il desiderio sessuale. Gli inibitori selettivi della ricaptazione della serotonina, possono essere particolarmente suscettibili nel causare disfunzione sessuale.

Un uomo che assume farmaci con effetti collaterali sessuali dovrebbe discutere di cambiare il farmaco, interrompere il trattamento o abbassare il dosaggio con un medico.

La disfunzione erettile può essere un segnale premonitore di problemi di salute. È importante prendersi cura del corpo seguendo una dieta equilibrata, rimanendo fisicamente attivi e gestendo lo stress.

Anche il trattamento di problemi di salute cronici, come il diabete e le malattie cardiache, è essenziale. Prendi i farmaci come raccomandato e prova a cambiare lo stile di vita. Entrambe le cose possono migliorare la salute generale.

Se i sintomi di queste condizioni peggiorano, consulta un medico.

CAPITOLO 11

COME POSSO AIUTARE IL MIO PARTNER CON L'EIACULAZIONE PRECOCE?

7 CONSIGLI PER LE DONNE DA SEGUIRE

Uno studio del 2014 dell'Università di Zurigo ha esaminato oltre 1.500 donne e il 40% di loro ha confermato che la mancanza di controllo dell'eiaculazione da parte del loro partner ha frenato la loro esperienza di piacere. Il problema principale citato da queste donne, tuttavia, non riguardava la durata del sesso, quanto l'attenzione singolare dei loro partner durante il sesso sul ritardare l'eiaculazione. Questo, hanno riferito, ha distolto l'attenzione dall'essere presenti nel momento e dalla risposta ai loro bisogni e desideri sessuali. Quindi, come puoi aiutare il tuo partner con l'eiaculazione precoce in una relazione monogama e impegnata mentre continui a dare la priorità al tuo piacere?

Per prima cosa, ricorda che "puoi ancora goderti il sesso dopo l'eiaculazione usando il pene (non eretto o semi-eretto), le mani, le labbra, la lingua, i giocattoli, i polpastrelli, la pelle, i palmi e così via. Il mondo è la tua ostrica sessuale e non hai bisogno di un'erezione per goderti il piacere sessuale", afferma il dottor Or'Reilly.

Se ti sei mai chiesta "come posso aiutare il mio partner con l'eiaculazione precoce mentre provo ancora piacere io stessa?" segui questi 7 suggerimenti.

Mostra preoccupazione per la situazione senza essere allarmista

È necessario parlarne apertamente e sinceramente. La comunicazione nella sfera sessuale è fondamentale e la condivisione delle paure del tuo partner aiuterà entrambi a rendersi conto che, spesso, quelle paure sono infondate.

In sostanza, il tuo conforto e la tua sicurezza nei confronti di un partner che lotta con l'eiaculazione precoce può aiutarlo a capire che non lo stai giudicando, il che potrebbe aiutarlo a rilassarsi un po' di più durante il rapporto. Puoi presumere che vuole durare più a lungo per il suo piacere, ma potrebbe solo volerlo per il tuo piacere. Una volta che ha chiarito cosa vuole, chiedi lui cosa puoi fare per supportarlo.

Una buona domanda iniziale per aprire la conversazione è semplice: "Ne vuoi parlare?" Se la risposta è sì, passa ad altre domande di supporto. "Vorresti lavorare insieme su alcuni esercizi?" "Preferiresti iniziare da solo?" "Vuoi che rallenti, acceleri, cambi angolo, prenda delle pause o c'è qualche altro approccio fisico che potrebbe aiutare?"

Riorienta la tua relazione

Le coppie possono trasformare il momento degli incontri sessuali in un'attività divertente e giocosa, senza fissare obiettivi o traguardi. In questi casi, i rapporti sessuali dovrebbero essere consumati per godere, non associati alla performance.

Non rimanere bloccata dall'erezione

"Non hai bisogno di un'erezione per fare sesso piacevole", dice il dottor O'Reilly. In effetti, se hai un clitoride, hai comunque maggiori probabilità di raggiungere l'orgasmo da giochi sessuali non penetrativi: sesso orale, manuale, sfregamento o uso di un vibratore. Il sesso non si ferma perché il pene eiacula.

Suggerisci di cercare un aiuto professionale se ritieni che sarebbe utile farlo

Sentiti libera di esprimere se ritieni che vedere un terapista sessuale, un dottore o qualche altro tipo di esperto sarebbe utile. I partner sono testimoni in prima persona di questa condizione e di solito sono loro a dare la spinta finale a coloro che soffrono di eiaculazione precoce per cercare aiuto da un professionista.

Sii gentile e concentrati sugli aspetti positivi

È molto importante evitare commenti offensivi o fare confronti con partner precedenti. Questo tipo di reazione sul posto non farà che aggravare il problema e qualsiasi progresso.

Il dottor O'Reilly suggerisce anche di concentrare le conversazioni sul sesso su ciò che il tuo partner sta facendo bene e su dove riesce a soddisfarti. Raccontagli cosa lui è bravo a fare, quando ti senti più eccitata, cosa porta il tuo climax al livello successivo e quando ti senti più connessa. Il rinforzo positivo è molto importante qui.

Vai avanti dopo l'eiaculazione (con il consenso)

Se il tuo partner eiacula e vuoi comunque andare avanti, faglielo sapere. Mostra lui quello che ti piace. Dì lui cosa ami. Prendilo per mano o per i capelli e guidalo. Concentrati sul tuo piacere.

Rispetta i confini del tuo partner

Anche se navigare insieme può fornire un elemento di vicinanza, il tuo partner ha diritto a momenti di privacy se lo desidera.

Dobbiamo accettare se il nostro partner vuole andare da solo a un trattamento professionale senza la collaborazione della partner. Molte persone pensano che in questo modo sarà più facile per loro superare la paura e la vergogna.

CAPITOLO 12

CONCLUSIONE

La soddisfazione sessuale ha molte componenti, che coinvolgono la salute emotiva e fisica di entrambi i partner. L'eiaculazione precoce è una condizione comune che può frustrare entrambi e può essere difficile parlarne. Le donne che hanno avuto relativamente pochi partner potrebbero non riconoscere l'eiaculazione precoce e gli uomini a volte rispondono ai nostri segnali culturali fingendo che non sia successo.

L'eiaculazione precoce può avere ramificazioni sia fisiche che emotive per i partner, così come per gli uomini che la sperimentano. Le donne che hanno a che fare con l'eiaculazione precoce di un partner in genere riferiscono una riduzione della soddisfazione sessuale, perdita di desiderio e orgasmi e un aumento sia dell'angoscia che delle difficoltà interpersonali.

La brusca fine del rapporto sessuale che accompagna l'eiaculazione precoce può provocare l'incapacità di una donna di raggiungere l'orgasmo, anche dalla stimolazione del clitoride.

Soprattutto quando non viene riconosciuto e discusso, questo può portare a risentimento e rabbia, e persino al rifiuto di impegnarsi in relazioni intime.

Allora, cos'è esattamente l'eiaculazione precoce? Secondo la definizione medica, l'eiaculazione precoce è l'eiaculazione che avviene sempre o quasi sempre entro un minuto dalla penetrazione vaginale; è anche l'incapacità di ritardare l'eiaculazione in tutte o quasi tutte le penetrazioni vaginali. Ma oggigiorno sempre più terapisti sessuali descrivono l'eiaculazione precoce come l'eiaculazione che si verifica prima che il maschio voglia che questo accada. Secondo un'ampia recensione pubblicata sull'International Journal of Impotence Research: the Journal of Sexual Medicine, circa il 30% degli uomini in tutto il mondo soffre di eiaculazione precoce.

L'eiaculazione precoce non è una scelta. L'incapacità di controllare il riflesso dell'eiaculazione è un problema comune tra gli uomini. Perché succede? La spiegazione comunemente accettata è una connessione tra EP e il livello di serotonina nel cervello. Se questo livello è troppo basso (e, sfortunatamente, al momento non c'è modo di misurare questo livello nel cervello), potrebbe portare a questo sintomo. Gli uomini semplicemente non hanno alcun controllo su di esso. Date le norme culturali, probabilmente sono insicuri al riguardo; parlarne può essere percepito come una critica, il che lo rende un problema difficile da risolvere.

Il trattamento è importante per la tua autostima, i tuoi rapporti sessuali e la tua relazione nel suo complesso. La ricerca mostra che le donne nelle relazioni con uomini che soffrono di EP sperimentano una minore soddisfazione sessuale. Cosa importante, l'ansia dell'uomo può portare alla perdita di intimità e, soprattutto se inspiegabile, allo stress nella relazione. Entro un massimo di tre mesi dalla pratica costante degli esercizi menzionati in questo libro, puoi superare questo problema. La soddisfazione che proverai migliorerà non solo la tua vita sessuale ma anche la relazione stessa, portando a una maggiore intimità e aumentando la tua autostima.

www.ingramcontent.com/pod-product-compliance
Lightning Source LLC
Chambersburg PA
CBHW070131260726
48658CB00001B/364